向上吧！诗词

一蓑烟雨任平生

（咏史卷）

《意林》图书部 编

本册主编：刘红敏/颜 婳/侯雅惠/张文惠

上海文艺出版社
Shanghai Literature & Art Publishing House

图书在版编目（CIP）数据

一蓑烟雨任平生 . 咏史卷 / 《意林》图书部编 . -- 上海 : 上海文艺出版社 , 2019
ISBN 978-7-5321-7364-8

Ⅰ . ①一… Ⅱ . ①意… Ⅲ . ①古典诗歌—鉴赏—中国Ⅳ . ① I207.2

中国版本图书馆 CIP 数据核字 (2019) 第 196148 号

发 行 人：陈　徽
责任编辑：陈　蔡
从书策划：徐　晶
特约策划：郭妙霞
本册主编：刘红敏　颜　婳　侯雅惠　张文惠
特约统筹：王来宁
特约编辑：郭妙霞
封面设计：资　源
美术编辑：刘海燕　李雪菲
封面供图：呼葱觅蒜

书　　名：一蓑烟雨任平生
编　　者：《意林》图书部
出　　版：上海世纪出版集团　上海文艺出版社
地　　址：上海绍兴路 7 号　200020
发　　行：上海文艺出版社发行中心发行
　　　　　上海市绍兴路 50 号　200020　www.ewen.co
印　　刷：北京盛彩捷印刷有限公司
开　　本：700×1000　1/16
印　　张：11
字　　数：300，000
印　　次：2019 年 9 月第 1 版　2019 年 9 月第 1 次印刷
I S B N：978-7-5321-7364-8
定　　价：36.00 元
告 读 者：如发现本书有质量问题请与印刷厂质量科联系

目录 CONTENTS

吊古篇

论史篇

忧世篇

名人万花筒

诗词小真相

伤怀篇

诗词 AB 面

名人万花筒

诗词小真相

吟美篇

诗词 AB 面

名人万花筒

诗词小真相

『滚滚长江东逝水，浪花淘尽英雄。是非成败转头空。』怀古发幽思，是古典诗词最永恒的主题之一，那些或许并不起眼的遗迹，纵横的却是上下五千年的历史长河。

李白，字太白，号青莲居士，唐朝诗人，有“诗仙”之誉。

登金陵[①]凤凰台[②]

［唐］李　白

凤凰台上凤凰游，凤去台空江自流。
吴宫[③]花草埋幽径，晋代衣冠[④]成古丘。
三山[⑤]半落青天外，二水[⑥]中分白鹭洲。
总为浮云能蔽日，长安不见使人愁。

“凤凰台空，江水自流，浮云蔽日惹人愁。”

天宝三年（744年），作者遭受奸佞小人诬陷，失信于唐玄宗，被迫离开长安，来到江浙一带游历。这首诗歌是作者在金陵登览凤凰台的时候，触景生情，一时感慨而作。全诗从凤凰台的景致下笔，将历史与现实、自然与情感完美融合在一起，抒发了有志难酬的苦闷心情、世事变幻的感慨以及对政局的担忧哀愁。

首联点题，十四字中出现三次“凤”字，一唱三咏，明快回环，毫无烦琐重复之意。传闻凤凰台因凤凰飞落于此而筑，而现在凤去台空，只有江水独自奔流，暗示了时移俗易，人事变迁，流露出哀伤无奈之感。

颔联运用想象虚写历史人物和陈迹，展现了物是人非的凄凉之感。颈联由想象转为现实，描绘金陵的壮阔山水，与荒废遗址形成鲜明对比，从而抒发了繁华易逝，唯有山水长存的感慨。尾联是登台的总结，作者以浮云蔽日为喻，意指愁闷笼罩心头，“使人愁”直抒胸臆地表达了作者离开长安的无奈愁怨。

诗歌语言流畅清丽，用典、写景、抒情三者巧妙结合，意境悠远。通过对凤凰台的凭吊，全诗表达了作者忧时伤世的心情以及自己遭奸人所害的感触，抒发了对世事流转的慨叹，充满了对当时境遇的愤懑和不满。

①金陵：今江苏南京。②凤凰台：故址在南京凤台山。③吴宫：三国时孙吴建都金陵。
④衣冠：指王公贵族。⑤三山：南京市西南江边的三峰。⑥二水：秦淮河流入南京后，被白鹭洲一分为二。

龙盘虎踞的十朝都会——南京

南京和西安、洛阳、北京并称为我国的四大文化古都，历史悠久，底蕴深厚。春秋时期，南京被称为东夷少数民族地区，即吴越。初始之时，并无城邑，公元前472年，越王勾践卧薪尝胆一举灭掉吴国后在此筑城，南京有城自此开始。后楚威王伐齐，齐越联合抗击楚国，越国战败，大半国土并入楚国版图，楚国就在南京设置金陵邑，“金陵”一名由此而来。秦始皇统一六国后将金陵改称秣陵，东汉时又改称建邺。三国东吴孙权称帝之后，在南京立都，这是南京在历史上第一次成为都城。

西晋时又更名为建康，南京几乎在每个朝代都被更名换姓。唐朝在南京设上元县，不久改名江宁县，所以南京也有“上元”“江宁”的别称。元代的南京叫作集庆路，“路”是元代的府级行政机构。明朝开国皇帝朱元璋在做吴王的时候就筹谋已久，率领水陆大军攻打并占领了集庆路，且听取谋士建议，更名“应天”，取顺应天命之意，称“应天府”。朱元璋称帝后，为定都之事徘徊了十几年，最初想定都开封，取名东京，又想定都老家凤阳，称中都，最终定都应天，南京之名就这样以方位相较而顺理成章地被定了下来。

翻译外文受重用，遭人诽谤离京城——李白

天宝元年（742年），吐蕃使臣求见唐玄宗，带来了一封吐蕃赞普的亲笔信。但这封书信不是由一般的吐蕃文字写成，翻译官不能辨认。于是，贺知章向唐玄宗举荐了出生在西域碎叶的李白。唐玄宗便立即召见了他，李白酩酊大醉，衣衫不整就前来了，但唐玄宗心里焦急也不顾他这荒唐模样，就问李白能否识得赞普手信。面对国家大事，李白清醒了几分，用流利的汉语翻译出来。众人听李白念完之后，赞叹他的才华，也得知吐蕃赞普的这封手信是在炫耀武力，藐视朝廷。唐玄宗虽十分震怒，但大局当前，他希望写一封《和蕃书》缓解两国局势，便准备笔墨纸砚让李白书写。

但李白向唐玄宗提出了条件，要让高力士为他脱靴穿袜，杨国忠替他捧砚磨墨，他才肯写，唐玄宗应允了，高力士和杨国忠只能照办。原来，杨国忠在李白科举时批“不录”，高力士又逐他出考场，李白趁此机会想杀杀他们的威风。李白书写完《和蕃书》后，当众宣读，吐蕃使臣心悦诚服，连连谢罪。李白为唐玄宗办了一件大事，之后唐玄宗很重用他，但身为天子宠臣的高力士和杨国忠依旧记恨他，经常在玄宗面前进谗言，久而久之，玄宗疏远了李白，李白遭到同僚排挤，奸人诋毁，无奈离开了长安。

北宋张表臣在哪本著作中评价《登金陵凤凰台》一诗：“金陵凤凰台，在城之东南，四顾江山，下窥井邑，古题咏惟谪仙为绝唱。”（　　）

A.《岁寒堂诗话》　B.《竹坡诗话》　C.《珊瑚钩诗话》

刘禹锡，字梦得，唐朝文学家、哲学家，有“诗豪”之称。

乌衣巷

［唐］刘禹锡

朱雀桥①边野草花②，
乌衣③巷口夕阳斜④。
旧时王谢堂前燕，
飞入寻常百姓家。

“掉头苦吟，叹赏良久。”

这首诗是刘禹锡的代表作之一，也是他最得意的怀古名篇之一。面对昔日繁华鼎盛的朱雀桥和乌衣巷而今野草丛生，不禁感慨沧海桑田，我们可以从诗中体会到富贵荣华难以常保，曾经煊赫一时，终有一日会如过眼云烟，成为历史的残痕的无奈。

首句描写了“朱雀桥边长满丛丛野草，点点野花”的荒僻气象，第二句紧接着写“乌衣巷口断壁残垣，正是夕阳西斜”的落寞场景。前后两句偶对天成，“朱雀桥”对“乌衣巷”，既符合真实地理位置，又形成对仗的美感。第三、四句把笔触转向乌衣巷上空正在就巢的飞燕，感慨“从前在王谢大堂前筑巢的燕子，如今再来飞进平常百姓人家”。燕子是历史的见证者，百姓却不同于往昔，越发清晰地感受到诗人对沧海桑田变化的无限感慨。

全诗语言浅显，没有一句议论，而是通过描写野草和夕阳，再以燕子作为盛衰兴亡的见证，联系历史和现实，引导人们思考社会的变化。唐代诗人白居易评价其“掉头苦吟，叹赏良久”。

①朱雀桥：在金陵城外，乌衣巷在桥边。②花：此为开花之意，做动词用。
③乌衣：燕子，旧时王谢之家，庭多燕子。④夕阳斜（xiá）：夕阳西斜。

朱雀桥与乌衣巷间的千丝万缕

在地理位置上，朱雀桥位于南京市秦淮区中华门城内的武定桥和镇淮桥间，地处夫子庙秦淮风光带，横跨南京秦淮河上，是由市中心通往乌衣巷的必经之路。

在历史进程中，朱雀桥与乌衣巷也有着无法割断的瓜葛。东晋时，乌衣巷是高门士族的聚居区，开国元勋王导和指挥淝水之战的谢安就住在这儿。谢安住在这儿时，建了一座重楼，也就是朱雀桥上装饰着两只铜雀的重楼。

朱雀桥上最早的UFO

朱雀桥之所以家喻户晓，当然还是因为刘禹锡的金陵怀古诗《乌衣巷》。不过，早在清朝，朱雀桥上就因发生在其身上的景象而受到万众瞩目。

清人吴有如的时事图画《赤焰腾空图》所画的景象就发生在朱雀桥，这也是中国历史上第一次关于UFO事件的记录。图上记载了火球掠过南京城的时间、地点、目击人数、火球大小、颜色、发光强度、飞行速度等，当时并无飞碟和UFO的说法，因而成为今人研究UFO的一则珍贵历史资料。

唯物论者——刘禹锡

常说诗人感性，但前半生位极人臣，因永贞革新三起三落，终辞官隐退的诗豪刘禹锡是一个不折不扣的唯物论者，这主要体现在他的哲学思想上，其代表作是《天论》三篇。

关于自然与人的关系，刘禹锡提出了“交相胜，还相用”的观点，他认为：“大凡入形器者，皆有能有不能。天（自然），有形之大者也；人，动物之尤者也。天之能，人固不能也；人之能，天亦有所不能也。”通俗而言，即人与自然各有特点，人虽然不能够干预自然的规律，但能够利用和改造自然。

而关于唯心主义的产生，刘禹锡指出这与社会现实存在着密切关系。他认为，在法大行的社会里，是为公是，非为公非，循规蹈矩必然得到赏赐，犯了错就要被惩罚，这时候人们会说，人自身的行为决定了自身的祸福，与天没有关系。而在法大弛的社会里，是非颠倒了，对于不合理的现象，人找不到合理的解释，就把一切归之于天。也就是，当“理明”时，人们不会讲“天命”；当“理昧”时，就不会不讲天命。

知识小问答

与刘禹锡、白居易合称“三杰”的另一位诗人是谁？（　　）

A. 柳宗元　B. 韦应物　C. 杜牧

李白，字太白，号青莲居士，又号“谪仙人”，唐代伟大的浪漫主义诗人。

苏台览①古

［唐］李　白

旧苑荒台②杨柳新，菱歌清唱不胜春③。
只今惟有西江月，曾照吴王宫里人。

解读赏析 JIEDU SHANGXI

“皎皎西江月，照着往来人。”

这是一首登台怀古之作。诗人登上旧时吴王所建的姑苏台，远眺曾经热闹繁华的宫苑，却只看到满目的荒芜。杨柳每年都会长出新芽，但是往昔的盛况再也不会重现。诗人以杨柳的“新”对比宫苑的“旧”，表达了昔盛今衰的感慨。紧接着，诗人似乎听到东南水乡老百姓采菱时唱的民歌从远处传来，歌声清晰响亮，却在这一片生机盎然的春意中显露出一股衰飒之气。

时光流转，万物更替，曾经的欢歌笑语，春花春景，以及吴王的奢侈无度和西子的花容月貌，都已经消失在历史的尘埃之中，不复存在。物是人非事事休，只有这西江之上的一轮明月，照着吴王，照着过往，也照着如今的人，冷眼瞧见这人间的兴衰。

诗人在诗中运用对比衬托的手法，以古之兴盛衬今之衰败，以春之乐景突显兴衰变化之哀情，在慨叹中感悟时光和生命。

①览：观览。②旧苑荒台：旧时吴王的园林和荒圮的台榭，指姑苏台。
③不胜春：不尽的春意。

"西江月"词牌名从何而来

词，最开始是和乐而唱的，因此有一定的韵律和节奏，这些韵律和节奏合称为曲调。后来，人们根据曲调来填词，词就有一定的格式，而词牌，就是词的格式的名称。不同的词牌，对应不同的格式，搭配不同的曲调。

词牌来源很多，有的是根据故事传说的内容而定，如《鹊桥仙》，因咏鹊桥相会而得名，还有《昭君怨》，也是描写昭君出塞的故事；有的取自诗句，如《西江月》这个词牌名，就出自李白《苏台览古》中的这句"只今惟有西江月，曾照吴王宫里人"；有的是原来唐教坊曲名，如《蝶恋花》《苏幕遮》《清平乐》等。

这些词牌名对应不同的内容、字数和格律，呈现出不同的表现力，不过在发展过程中，有的词牌与词的内容渐渐分离，仅规范词的字数和格律，而与具体内容无关。词人在创作时，可以根据抒发情感的不同，选择相应的词牌。

见证吴国兴衰的姑苏台

姑苏台，又叫姑胥台，在苏州城外西南角的姑苏山上。公元前505年，由吴王阖闾开始建筑，之后经由夫差续建，前后历时五年，花费大量的人力物力财力，劳民伤财。所建姑苏台规模宏大，建筑巍峨，高三百丈，宽八十四丈，内部装饰华丽精美，极尽奢华。吴王夫差就在其中与美女宫妃畅饮欢歌，荒淫享乐，不理朝政，将吴国带上了不归路。

吴王夫差早期也是一位颇有作为的君主，他为父报仇，大败越国，但是他穷兵黩武，好大喜功，在勾践的求和"美人计"中失去方向，被一时的胜利冲昏头脑，以致最终被卧薪尝胆的勾践打败，而在曾经象征权力和财富顶峰的姑苏台上，自刎而死。

吴王夫差修建姑苏台时，勾践为讨好夫差，派遣无数木工入山寻得良材，精挑细选又细心雕刻，悉数献与夫差，夫差大悦，对勾践更加放松警惕。根据记载，吴王修建这座姑苏台，准备材料就用了三年，动工后又花了五年，当时这些材料堆积在山下，居然把山下的河道港渎都堵塞了，之后就留下"积木塞渎"这个成语，而这些木材堆积的地方，后来形成了"木渎镇"。

知识小问答

全景般地展示了盛清苏州城郊数十里风光及市井繁华景象的《姑苏繁华图》是下列哪位画家所画？（　　）

A. 芥子园　B. 徐扬　C. 惠崇

孟浩然，名浩，字浩然，号孟山人，世称孟襄阳，唐代著名山水田园派诗人。

与诸子登岘山[①]

［唐］孟浩然

人事有代谢[②]，往来成古今。
江山留胜迹，我辈复登临。
水落鱼梁[③]浅，天寒梦泽[④]深。
羊公碑尚在，读罢泪沾襟。

解读赏析
JIEDU SHANGXI

“天地之间苍茫，古今轮回不息。”

这是一首登临怀古之作，诗人在首联用“人事”指代一切人的活动，包括朝代更替、人生境遇、世事变迁等，这一切都有其因果循环，而过往的历史犹如云烟，转眼就成古今。这是自然的规律，任何人都没有办法改变，诗人在此表达了自己的无可奈何之情。

紧接着，在颔联中诗人用“胜迹”指岘山，先人曾经登临过的名胜古迹岘山，如今我们后辈再次登上这座山，俯瞰先人看过的风景，心境已是不同。颈联写景，说雨水从天而降，依旧落在鱼梁洲中，但是因为冬末，水位降低，洲水很浅，同时因为天气寒冷，云梦泽烟雾缭绕，仿佛深不见底，更增添一层寒意。

尾联中，诗人看到羊公碑依然巍峨挺立，在读罢碑文之后，怀古伤今，不禁泪沾衣襟，感慨不已。全诗借古抒怀，将写景、抒情和说理融为一体，意蕴深厚。

①岘（xiàn）山：一名岘首山，在今湖北襄阳城以南。②代谢：交替变化。
③鱼梁：沙洲名，在襄阳鹿门山的沔水中。④梦泽：云梦泽，古大泽，即今江汉平原。

羊公碑是什么

晋代名将羊祜（hù）在镇守襄阳时，每每于天气晴好之时便到岘山摆下酒宴，吟咏不倦。曾经有一次他跟从事中郎邹湛感慨说："自从有宇宙，就有这座山了。从古至今，有很多先贤名士，到这里登高远望，就如同你我这般。但如今都悄无声息地湮灭于历史之中，多么令人伤感啊！等我们百年之后，如果魂魄有灵，一定要再登上这座山。"后来，襄阳的百姓立碑纪念他，见到这块碑的人想到羊祜都不由得流涕伤悲，因此，杜预也称这块碑为"堕泪碑"。

不舞之鹤

西晋时期，羊祜家里养了一只白色的丹顶鹤，他十分喜欢这只鹤。这只鹤每每与羊祜独自相处时，便会翩翩起舞，舞姿十分优美动人。因此他便向客人夸耀这只鹤是如何有灵性，同时邀请客人前去观看，结果，鹤因为有生人在场，在客人面前一动不动，怎么也不起舞，让客人大失所望，说这是一只不舞之鹤。后来就用"不舞之鹤"比喻名不副实的人，也用来讥讽人无能。

羊祜：名门之后，德范永存

羊祜出身于汉魏名门士族之家，祖上几代都有出仕二千石以上官职的人才，他的祖父是历史上著名的廉吏、"悬鱼拒贿"的羊续，他的母亲蔡氏是汉代名儒蔡邕的女儿，而他的姐姐嫁给了司马懿的儿子司马师为妻，家族显赫，且都是以清廉有德著称。

羊祜十二岁的时候，他的父亲去世了，他少年显志，曾经有一位老人在汶水边看到他，便预言他在六十岁之前会为天下立下大功。

果然，羊祜长大之后博学多才，清廉正直，成为西晋时期的名将，并且仪表堂堂，是古代难得的帅哥，娶的是三国后期重要将领夏侯渊的孙女。据说羊祜在战场上，经常不穿战甲，一副儒生打扮，羽扇纶巾，轻裘缓带，气度非凡。

羊祜还是一个人格高尚的人，他与吴国交战，总是约好日期，从不搞突袭，战中如果虏获敌军幼子，就遣送回国，面对被俘虏的守义殉节的人竟加以厚葬。而且他与敌军将领陆抗惺惺相惜，虽是敌对方，却和睦相处，还曾给生病的陆抗送药，世称"羊陆之交"，后来，人们就用这个词来形容两国将帅虽临敌相拒，仍敦睦交谊。

"羊陆之交"的主人公羊祜和陆抗第一次交锋的战役是？（　　）

A. 西陵之战　B. 夷道之战　C. 官渡之战

杜甫，字子美，号少陵野老，唐代现实主义诗人，被誉为“诗圣”，有《杜工部集》。

蜀相

［唐］杜　甫

蜀相祠堂何处寻，锦官城①外柏森森②。
映阶碧草自春色，隔叶黄鹂空好音。
三顾频烦天下计，两朝开济③老臣心。
出师未捷身先死，长使英雄泪满襟。

“扇里风云，道不尽千年遗恨。”

这是一首咏赞三国时期蜀国丞相诸葛亮的诗。在众多吟咏诸葛亮的作品中，《蜀相》熠熠生辉。

首联以设问起句，一问一答间，呈现出武侯祠庄严肃穆的气韵。蜀相祠堂何处寻？那锦官城外清幽静寂之地，翠柏繁密之处，即是后人纪念他的地方。松柏不言，万古长青。“柏”，不正是诸葛亮宁静致远、忠贞不渝的品格象征吗？

走进祠堂，只见阶前碧草青青，黄鹂在树梢高鸣，清脆而欢快的声音透过枝叶，回荡在祠堂上空。可是，先贤已逝，家国零落，春光却仍然如此明媚，怎能不令人伤悲？此联中“自”和“空”便是诗人对自然外物无情的控诉。

自然无情人有情。诗人不会忘记那个为了兴复汉室鞠躬尽瘁、死而后已的人。“三顾”“两朝”，仅四个字浓缩了诸葛亮一生的功绩。诗人慕其雄才，敬其勇武，感其忠贞，呼唤能有一个如诸葛亮般的良相力挽狂澜。

然而，即使运筹帷幄如诸葛亮，病重而逝的命运使匡复汉室成为他的终生遗恨。诗人在尾联将此遗恨上升到历史的高度，这是诸葛亮的遗恨，是诗人的遗恨，更是千百年来那些壮志难酬的英雄的遗恨。

纵观全诗，首联压抑而克制，颔联和颈联欢快而高昂，尾联深沉而悲恸，可谓沉郁顿挫，动人肺腑。

①锦官城：指成都。②森森：茂盛繁密。
③济：扶助。

诗句互文形式多

互文在古典诗文中颇为常见，是诗文写作中常用的修辞手法，即构成互文的各个部分之间互相映照，互为补充，阐释同一含义。互文句是一个整体，因此，在分析互文句时，须站在全局高度，将形成互文的各个部分含义归到一起理解。互文形式多样，一般来说分为同句互文、邻句互文、隔句互文等几种形式。

一次荒唐科举坑惨杜甫

科举考试是我国古代统治阶层选拔人才的制度，也是古代士人踏入仕途的途径。“诗圣”杜甫的科举之路并不顺利。杜甫一心报国，却未能通过科举走入仕途。原本玄宗诏令征集天下人才，选拔贤能，后来却因听信权臣李林甫“野无遗贤”的进言，所有参加科考的人均未获得任用，杜甫恰在其中。倘若没有此番波折，杜甫可能会顺利通过科举进入仕途。但人生没有如果，科举不第的杜甫不得不另辟他径，四处奔走拜谒，开启了长达十年的长安客居生涯，却始终不得重用，生活困苦而艰难。

“诗圣”力捧的三国名人

历史上有一位家喻户晓的三国名人，在“诗圣”杜甫心中地位最高。在杜甫看来，其人简直前无古人后无来者，他就是三国时期蜀国名相诸葛亮。

翻开杜甫的咏史诗篇，出现频次最高的历史人物非诸葛亮莫属，专门咏赞诸葛亮的诗歌多达十几首。单从诗题便可以看出是吟咏诸葛亮的就有好几首，如《蜀相》《武侯庙》《八阵图》《诸葛庙》等，数量多，影响大。

为什么杜甫如此钟爱咏赞诸葛亮呢？其中情感颇为复杂。首先，杜甫心怀壮志，却始终未得重用，他羡慕诸葛亮和刘备的君臣关系，一个重贤用能，一个鞠躬尽瘁，君臣之间如鱼得水，共谋大业，这是杜甫最为憧憬的局面。

其次，诸葛亮一生鞠躬尽瘁，死而后已，为了匡复汉室呕心沥血，而杜甫所处的时代朝局不稳，家国衰微，权臣当道，诸葛亮成为杜甫最为敬佩和呼唤的忠贞之臣。但是，诸葛亮出师未捷，赍志以殁，这样的结局，使杜甫每每想起便扼腕叹息。

因为现实缺乏如诸葛亮般的贤良之臣，所以杜甫将诸葛亮的形象极尽美化。从“诸葛大名垂宇宙”“万古云霄一羽毛”“功盖三分国”等评语中，可见杜甫对诸葛亮的无限推崇。

“欻忆吟梁父，躬耕也未迟”出自杜甫咏赞诸葛亮的哪首诗作？（　　）

A.《八阵图》　B.《诸葛庙》　C.《武侯庙》

温庭筠，原名岐，字飞卿，唐代诗人、词人。“花间派”代表人物。

苏武庙

［唐］温庭筠

苏武魂销汉使前，古祠高树两茫然。
云边雁断①胡天月，陇②上羊归塞草烟。
回日楼台非甲帐，去时冠剑③是丁年。
茂陵不见封侯印，空向秋波哭逝川④。

“白发丹心尽汉臣。”

“苏武魂销汉使前，古祠高树两茫然”，第一句诗人想象多年被软禁在匈奴之地的苏武突然见到汉朝使臣，情感浓烈，激动得难以自已。“魂销”二字精练概括苏武喜形于色、情难自禁的情态。第二句由人到庙，由古及今，描绘眼前苏武庙的景物。景色无情茫然，并不知道苏武生前所经历的种种苦难和坚持，更不知道苏武一颗赤诚之心多么可贵。

“云边雁断胡天月，陇上羊归塞草烟”描绘的是两幅画面。第一幅是苏武的望雁思归图，在孤身一人的异国他乡，故乡的一切杳无音信，漫长的岁月等待使归乡之情更为浓烈。只能望着大雁，将思念寄托于此。第二幅是苏武的荒塞归牧图。表现的是苏武在胡地牧羊时的艰辛、荒凉。这两幅画面都生动概括了苏武被囚禁在胡地的艰难岁月和复杂心情。

“回日楼台非甲帐，去时冠剑是丁年”写苏武回国后的情景。旧时楼台依旧，武帝却已逝去。当时出发时，还是一个戴冠佩剑的青年，而今年岁已老，物是人非事事休，一切都恍若隔世。

“茂陵不见封侯印，空向秋波哭逝川”写的是苏武历经生死苦难而不失汉节，归国后被封侯赐赏，然而他的武帝却已经长眠茂陵。苏武只能空自面对秋天的流水哭吊已经逝去的先皇。在这里，我们仿佛看到白发丹心的苏武，仰天痛哭，追思故君。苏武的爱国情与忠诚心融为一体。情真意切，感人肺腑。

①雁断：指苏武被羁留匈奴后与汉廷音信隔绝。②陇：通“垄”，陇关。这里以陇关之外喻匈奴地。
③冠剑：指出使时的装束。④逝川：喻逝去的时间。语出《论语·子罕》：“子在川上，曰：逝者如斯夫。”这里指往事。

何为甲帐

甲帐直译应为汉武帝所造的帐幕。据《汉武故事》记载：“上以琉璃珠玉，明月夜光杂错天下珍宝为甲帐，次为乙帐。甲以居神，乙以自居。”意思是，汉武帝把琉璃、珠玉、明月、夜光珠等这些天下奇珍异宝做成的帐幕称作甲帐，把次一等的宝物做成的帐幕称作乙帐。甲帐是给神明居住的，乙帐是自己住的。在温庭筠的这首诗中，“非甲帐”意指汉武帝已死。

温庭筠有哪些有趣的绰号

温庭筠虽然被冠以各种名号，但是其也有很多个有趣的“绰号”呢。

一是“温钟馗”。据说，温庭筠长相丑陋，甚至到了吓人的地步，因此被人们称作“温钟馗”。二是“温八叉”。温庭筠才思敏捷，下笔成文。据说他写作时，习惯交叉手于胸前，叉八次手而成八韵，所以被赋予“温八叉”之称。三是“救数人”。这个外号不常见。据传，温庭筠虽然自己屡试不中，但是他舞弊上瘾，最厉害的一次是，曾经在监考官的眼皮底下，帮八个人作弊，所以又得一外号，叫“救数人”。

民族气节之代表——苏武

苏武是历史上著名的坚持民族气节的英雄人物。苏武最大的贡献不在于他做了多少功绩，而是他代表着对汉朝忠贞不渝的精神。

苏武，字子卿，是汉武帝的侍从。出使匈奴时，被匈奴扣押。匈奴多次逼降，甚至让李陵劝说苏武投降，但是苏武坚贞不屈，誓死不从。单于把苏武幽禁于地窖中，断绝其饮食，想要逼迫他就范。苏武吃旃毛、饮雪水，所幸没死。于是单于把苏武流放到北海牧羊，跟苏武说，等公羊可以产羊乳时，他便可以回来。苏武一人在冰天雪地之中，掘草根以充饥，尝尽了世间的苦难与寂寥，但他始终保持初心，拿着他作为使臣代表的节杖不放手。

汉昭帝时，汉朝与匈奴和亲，汉昭帝希望匈奴归还汉朝使臣。但是单于谎称苏武已经死了。好在汉使得到真实的消息，说苏武没有死。于是汉使便跟单于说，汉天子在上林苑射得大雁，大雁的脚上绑有苏武所写的家书，说他被囚禁在某泽之中。单于不得已，归还包括苏武在内的九人。此时苏武已经被囚禁了十九年。

十九年历经苦难，十九年不改初心，十九年忠贞不渝。这是怎样的气节？也难怪温庭筠如此敬仰他。

“去时冠剑是丁年”中的“丁年”是指？（　　）

A. 壮年。唐朝规定二十一至五十九岁为丁　B. 年号，出发的时间为丁年

吊古篇

李白，字太白，号青莲居士，又号“谪仙人”，唐代伟大的浪漫主义诗人。

秋登宣城谢朓北楼①

［唐］李　白

江城如画里，山晓望晴空。
两水②夹明镜，双桥③落彩虹。
人烟寒橘柚，秋色老梧桐。
谁念北楼上，临风怀谢公。

“登临怀古，望不尽的前尘路。”

这是一首登临之作。暮色初显，诗人登上谢朓楼极目远眺，江边的城池犹如在画中一般，远处的群山也笼罩于万里晴空之下，亦梦亦幻。颔联两句写得极妙，诗人看见两条江之间的水面，犹如明镜，闪烁着点点波光。江面上架着两座桥，倒映在水中，就好像两条彩虹落到了人间。“夹”和“落”两个动词，富有动感，极具表现力地写出了江水的宽度以及双桥倒映在水中的神奇秀美之感。

颈联中，诗人把视线移到岸边，炊烟升起，烟雾缭绕，似乎给橘林和柚子林增添了一层寒意，秋风吹起，吹老了梧桐树。在这句中，诗人运用情景交融的手法，用“寒”字和“老”字表达了内心的惆怅苍凉之情。最后，诗人直抒胸臆，发出感慨：如今除了我，还有谁会到这谢朓北楼来，迎着秋风，怀念谢朓呢？

①谢朓北楼：即谢朓楼，为南朝齐人谢朓任宣城太守时所建，故址在陵阳山顶。②两水：指宛溪、句溪。③双桥：宛溪上有凤凰桥，句溪上有济川桥。

大谢和小谢分别是谁

中国历史上的“大谢”和“小谢”分别指谢灵运和谢朓。谢灵运是谢玄之孙，出身名门，满腹才华，但仕途不甚如意，于是他寄情山水，写下不少名篇佳句。他是中国山水诗的开创者，确立了山水诗在诗歌发展史上的地位。他还设计了一种登山用的特殊的木屐，鞋底有可拆卸的两个木齿，当他上山的时候去掉前面的木齿，而下山的时候去掉后面的木齿，这样有利于走山路。

谢朓也是豪门大族的“谢家子弟”，他的祖辈、父辈都在朝为官，他的母亲是宋武帝的女儿长城公主。因为与谢灵运同族，且经历很相似，因此后人称他为“小谢”。谢朓为人正直忠君，宋明帝建武时期，他的岳父王敬则谋反，谢朓知晓后将此事密告明帝，王敬则被斩首。后来谢朓的妻子知道是谢朓告发的，便心怀怨恨，多次持刀向他报仇，谢朓只得想方设法避而不见妻子。

李白居然也有“偶像”

天才诗人李白一向是清高傲岸、浪漫不羁的，但李白其实也有自己的偶像，而且不止一个。首先，李白最大的偶像是谢朓。在李白的诗中，多次化用谢朓的诗句，其中不乏对他的赞美之词，清人王士禛曾在《论诗绝句》中说李白“一生低首谢宣城”，由此可见李白对谢朓的敬佩。谢朓的诗歌风格影响了李白，也影响了整个诗歌史。

李白的第二个偶像是司马相如。李白在诗文中多次提及司马相如，有倾慕学习之意，更有努力赶超的决心。李白不仅看重司马相如的文学成就，更多的是看到自己与司马相如在诸多地方的相似性。他们长居蜀地，向往长安，都满腹才学，期望施展所能，实现人生抱负。司马相如以汉赋名闻天下，获得汉武帝的赏识，被封郎官，因此李白也一直梦想由白衣一跃变成卿相，然而，他终究与司马相如一样，游走在政治边缘，与理想无缘。

李白的第三个偶像是鲁仲连。鲁仲连是战国时期齐国的一位高人，他有奇谋大才，经常救人于水火，但是性格狷狂，不受世俗利益驱使，他曾经“一封书信劝退雄兵”，令燕国大将罢城自杀，为田单攻下聊城，但事后他不接受封赏，反而找了个地方隐居。这种淡泊坦荡的作风让李白十分敬佩。

知识小问答

让司马相如获得汉武帝赏识的文章是哪一篇？ （　　）

A.《过秦论》　B.《天子游猎赋》　C.《子虚赋》

李白，字太白，号青莲居士，唐朝诗人，有“诗仙”之誉。

夜泊牛渚①怀古

［唐］李　白

牛渚西江②夜，青天无片云。
登舟望秋月，空忆谢将军③。
余亦能高咏，斯人不可闻。
明朝挂帆席④，枫叶落纷纷。

“登舟望月忆故人，知己难得不可闻。”

《夜泊牛渚怀古》是一首望月抒怀的诗歌，描写了诗人在途中停泊在牛渚时所见夜月之景，诗人对月遥想，因地生意，遂作此诗。诗人通过怀念袁宏得到谢尚赏识之事，来表达内心郁郁不得志的孤独寂寞以及知音难求的惆怅之情。

首联开门见山，点明主题，描绘了青天无云的牛渚夜景，为下文望月空忆做铺垫。颔联记叙了诗人登舟望月，缅怀旧人之事，由望月过渡到怀古，“空忆”二字倾吐了诗人内心对古人的思慕之情以及怀才不遇的愤懑、失落和无奈。

颈联回归眼前，由对古人的思念转为现实，描写了自身空有才华而不得用的悲凉现状。尾联运用纷纷落叶营造了萧瑟冷凄的氛围，衰飒秋色与抑郁之感情景交融，烘托出诗人内心无法排解的心酸苦闷之情，未显雕琢痕迹。

本诗风格飘逸脱俗，先因景生情，咏叹古事；继回归现实，直抒胸臆；终寓情于景，浑融婉转，且突破格律要求，虽语言平仄、押韵符合规定，但无一联讲究对仗。诗歌行云流水，宛若天成，体现了诗人潇洒不羁的性格。清代王士禛《带经堂诗话》评：“诗至此，色相俱空，正如羚羊挂角，无迹可求，画家所谓逸品是也。”

①牛渚：山名，位于今安徽当涂县。②西江：江西到南京的一段长江。
③谢将军：东晋谢尚。④帆席：船帆。

诗词AB面

SHICI AB MIAN

我国古代的造船技术

我国古时的造船技术十分发达，居于世界前列。在我国，最早出现的水上载人工具是筏子和独木舟，筏子是一种由树干或竹子等材料并列扎成的扁平状物体，独木舟是将独根树木挖空做成的小舟，直到现在，我国部分少数民族仍在使用。商代时，人们运用加工过的木材制造出由三块木板构成的“三板船”。春秋战国时期，战船得到广泛使用，有大翼、小翼、楼船、桥船等多种，各具用途。

秦汉至明清时期，我国的造船业出现了三个高峰期。第一个高峰期是秦汉时期，秦始皇统一六国为船只通行提供了便利的基础条件。汉代造船业进一步发展，楼船最能反映出来。楼船，顾名思义是在船上建楼，最高可达三层，虽始于春秋战国，但西汉时是主力战舰，三国至南北朝时期仍普遍使用。因此，汉代水军统帅又名“楼船将军”，水军亦称“楼船士”。

第二个高峰期便是唐宋时期。唐代李皋是轮船的创始者，《旧唐书·李皋传》记载“常运心巧思，为战船，挟二轮踏之，疾若挂帆席”。宋元时期的海上贸易发达，水上往来船只急速增加导致了造船业的飞速发展。明朝则是我国造船业历史上一座新的里程碑，造船的分布、规模及设施都达到了前所未有的水平，数量种类繁多，也因此造就了郑和七次下西洋的人类历史壮举。

名人万花筒

MINGREN WANHUATONG

谢尚月夜遇才，袁宏出人头地

东晋将军谢尚曾镇守牛渚，一天月夜，他携几位同僚一起泛舟江上，忽然一阵高亢激昂的歌声悠悠传来，吸引了他。谢尚虽为军官，但通晓文史，他凝神静听后，辨出这是一首借古人往事来抒情明志的五言诗，爱才惜才之情油然而生，当即命随从前去探访打听。随从不久便来回话，告诉谢尚歌声是对岸驾船的一位年轻人所唱。

一行人便乘船去对岸，谢尚邀请年轻人过船谈论，这一聊便直到天明。谢尚得知这位年轻人名叫袁宏，自小父母双亡，家境贫困，为了谋生才为雇主驾船。袁宏虽然劳苦，但勤奋好学，满腹经纶，刚才所吟便是自己所作的一首咏史诗。

谢尚十分赞赏袁宏的满腹才华以及不畏艰难的奋进精神，便邀请袁宏到军中任职。袁宏在军中表现出出色的才干，谢尚又将他举荐到主管军务的大司马桓温处，袁宏处事敏捷，桓温重用他为记室参军，之后袁宏凭借自身才华做出一番业绩，官至太守。

在门阀等级观念十分严格的东晋时期，寒门才子很难出人头地，干出一番事业。如果没有谢尚的慧眼识珠、重用推荐，袁宏也不会脱颖而出，声名大振，正因如此，谢尚月夜遇才也成为一段千古美谈。

知识小问答

清代赵翼在（　　）中评李白《夜泊牛渚怀古》一诗“盖才气豪迈，全以神运，自不屑束缚于格律对偶，与雕绘者争长”。

A.《瓯北诗话》　B.《六一诗话》　C.《四溟诗话》

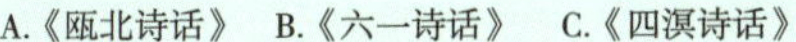

陈子昂，字伯玉，梓州射洪人，唐代诗人，初唐诗文革新人物之一。

燕昭王①

［唐］陈子昂

南登碣石馆②，遥望黄金台③。
丘陵尽乔木，昭王安在哉？
霸图今已矣，驱马复归来。

“良禽尚有良木栖，良将却愁无明主。”

这首诗是诗人随军征伐契丹时写的咏怀古迹之作，诗中借燕昭王求贤若渴的典故，表达了自己怀才不遇、壮志难酬的苦闷之情。首句点明诗人凭吊抒怀的地点，是曾经燕昭王为拜邹衍为师所筑的碣石宫，紧接着，诗人极目远眺，又看到了之前燕昭王为招揽天下有才之人所建的黄金台。这两个具有特殊意义的古迹既突显燕昭王求才的恳切，也表达了诗人对于明君的渴求。

接下来两句承接上文，由景入情，诗人看到眼前起伏的丘陵上乔木丛生，不自觉就发出“昭王安在哉”的感慨，再一次表达对燕昭王的仰慕。诗人借古讽今，以对古代贤明君主的追思来暗讽现实君主不能够做到求贤若渴。所以如今宏图霸业已不再有，诗人也只好驾着马，归营而来。结尾处以委婉的表达，抒发了自己报国无门的无奈之情。

①燕昭王：战国时期燕国有名的贤明君主。②碣（jié）石馆：即碣石宫。
③黄金台：位于碣石馆附近。相传燕昭王置金于台上，在此延请天下奇士。

燕国的“子之之乱”是怎么回事

燕昭王即位之前，燕国境内发生了一次很大的内乱——“子之之乱”，这次内乱为他之后上台执政做了很大的铺垫。当时的燕国君主叫燕王哙，他听信苏代、鹿毛寿的谗言，效仿尧舜禅让，废掉太子平，禅位于国相子之，自己则反北面称臣。

子之掌权三年之后，燕国将军市被与太子平联合围攻子之，燕国大乱，但是围攻失败，子之以平叛为由杀了燕将市被，同时下令捉拿太子平。太子平和庶弟公子职流亡国外。齐国趁着燕国内乱之机，以匡扶正义的名义发兵讨伐子之，攻下燕国都城，燕王哙自尽，子之也遭押解被杀，中山国趁机攻占燕国十座城池，燕国几近灭亡。这次燕国内乱达数月之久，死伤无数，百姓对朝廷离心离德，怨愤深重。

燕昭王的强国第一步：招贤纳士

燕国经历了子之之乱后，国家局势危急，眼看就要被灭。原本赵国想吞并中山国，因此不愿意看到燕国灭亡而使中山国实力增强，因此赵武灵王便派人将流亡韩国的公子职接回燕国，并在公子职母亲的努力下，击败太子平，将其立为燕王，这就是燕昭王。

燕昭王即位之后，励精图治，招纳天下能够为己所用的贤才，立下壮志要使燕国强大起来。于是燕昭王找到燕国名士郭隗询问招贤良计，郭隗便讲了千金买马骨的故事来点拨燕昭王：古时有位君主愿以千金求一匹千里马，三年无果。他的侍臣自告奋勇要为其寻找，结果只找到一匹已经死了的千里马，但是这位侍臣依旧花五百金买了这匹死马的马头，君主大怒，但是这位侍臣说，天下人要是知道君主您尚且愿意以五百金买死马的马头，更不用说活着的千里马了，所以，千里马很快就可以得到了。果然不久之后，就有千里马被送上门。

郭隗借此告诉燕昭王，可以先从重用郭隗自己开始，为天下贤才树立一个榜样，那么他们就会不远千里前来投奔。燕昭王采纳了郭隗的建议，礼遇郭隗，果然，天下贤才闻风而至，邹衍、剧辛及乐毅等都来投奔燕国。

下列哪位皇帝不是礼贤下士、重用能人的贤明君主？（　　）

A. 周文王　B. 杨广　C. 李世民

孟浩然，名浩，字浩然，号孟山人，世称孟襄阳，唐代著名山水田园派诗人。

与杭州薛司户登樟亭①楼作

［唐］孟浩然

水楼一登眺，半出青林高。
帟②幕英僚敞，芳筵下客叨。
山藏伯禹穴，城压伍胥涛。
今日观溟涨，垂纶③学钓鳌。

解读赏析 JIEDU SHANGXI

“巨鳌负仙山，我是钓鳌人。”

古人有登高抒怀的传统，在这首与友人的登高之作中，诗人首句便描绘了登高所见，在临水而修的樟亭楼上远眺，只见岸边树木林立，高耸笔直，像一名名卫士。颔联，诗人写这里曾设有招待英豪幕僚的宴席，热闹的席间宾客尽欢，帟幕轻舞，文人情怀浓厚。

颈联中，诗人以两个历史人物夏禹和伍子胥来突显樟亭楼的历史底蕴，远处的山是藏着夏禹墓穴的山，而这杭州城，是压着伍子胥的滚滚波涛的杭州城。

尾联中，诗人表示今天看到江水涨潮，壮观异常，因此就想学龙伯垂下钓丝钓起巨鳌。传说巨鳌背负仙山，却被龙伯国的巨人钓起。后来人们便用“龙伯钓鳌”“钓鳌”“鳌钓”等比喻非凡事业；而用“钓鳌客”“钓鳌人”等表示胸襟豪放、抱负远大的人物。诗人用龙伯钓鳌的典故表明自己的远大抱负和渴望成就一番事业的信念。

①樟亭：即樟亭驿，在今浙江杭州市。
②帟（yì）：《释名·释床帐》：“小幕曰帟，张在人上，帟帟然也。”③纶：钓丝。

“伯禹穴”是什么

伯禹，即夏禹。伯禹穴，就是禹穴。传说夏禹葬在今浙江绍兴的会稽山下，因此称这里有“禹穴”。不过也有人认为“禹穴”是指会稽的宛委山，因为夏禹曾经在这里发现过黄帝的金简玉字，之后又将其藏于其中。后来，随着文意的扩大，后人也将咏会稽或搜求图书典籍的地方称为“禹穴”，如卢纶的“孔家唯有地，禹穴但生云”和韩愈的 “东野窥禹穴，李翱观涛江”。

龙伯钓鳌的典故

“龙伯钓鳌”的故事出自《列子 · 汤问》，据记载，渤海的东面有五座仙山，是开天辟地的盘古死后的五根脚趾所化，本来这五座仙山是在陆地之上，但是共工撞到不周山使得大地震动，这五座仙山便漂到了海上。于是玉皇大帝为了让这五座仙山不再到处漂流，便派了十五只巨鳌用头顶着这些仙山，使它们固定在一个地方。

在渤海附近有一个地方叫龙伯国，里面住的都是巨人，有一天，龙伯的巨人要出门，没走几步就看到几座仙山挡住了去路，于是，龙伯便在海边垂钓，因为巨鳌背负仙山，不能出去觅食，而仙山上的神仙也没有按时给它投食，于是巨鳌看到垂钓的鱼饵，便一口咬住，结果一下子被龙伯钓走了。龙伯一钓就是六只巨鳌，巨鳌头上顶着的蓬莱、方丈、瀛洲三座仙山又一次漂流到了大海上，并且再也找不到了。

玉皇大帝知晓这件事情后，非常生气，便惩罚龙伯的子孙一代一代慢慢变得矮小，并把他们流放到暗无天日的北冥之地。不过据说很多年以后，龙伯的后人个子还是很高。比如追赶太阳的夸父，便是龙伯的后代。

杀死伍子胥父亲伍奢的是下列哪位皇帝？（　　）

A. 楚平王　B. 楚共王　C. 楚灵王

杜甫，字子美，自号少陵野老。唐代著名诗人，与李白合称“李杜”。

武侯①庙

［唐］杜 甫

遗庙丹青落②，空山草木长。
犹闻辞后主③，不复卧南阳。

解读赏析
JIEDU SHANGXI

“三顾茅庐的知遇之恩，他用一生来还。”

这是一首咏怀古迹的五绝诗。前两句描写眼前武侯庙的景象，后两句叙述了诸葛亮的事迹。诗人来到武侯庙前，庙前清静寂寥，人迹罕至。一个“遗”字表现出庙虽尚存，人已不再的感慨，凭吊之情由此可见，而“丹青落”说明古庙壁画已脱落，破败不堪。接着，诗人点明武侯庙的地点是在“空山”，一个“空”字，点出了山的空寂，而庙前的杂草丛生，更突显出武侯庙如今的荒芜。

后两句则概括了诸葛亮的事迹，“辞后主”说的是诸葛亮辞别后主刘禅出师北伐的事情，当时北伐之前，诸葛亮两次上呈出师表，情深意切，深谋远虑，为蜀汉的发展殚精竭虑。因此诸葛亮再也没有办法回到南阳去过安稳平淡的日子了。诗人以“犹闻”表明自己对武侯的敬仰和爱戴之情，即使他已经故去许久，但依旧存活在诗人心中。

①武侯：指诸葛亮。②丹青落：庙中壁画已脱落。丹青指庙中壁画。
③后主：蜀后主刘禅。

“丹青”是什么

丹青本是两种制作绘画颜料的矿物，丹指朱砂，青指青雘（huò），因为古代绘画时经常用到朱红色和青色，因此用丹青来代指绘画，而画家则被称为丹青手。因为丹青这种颜料比其他植物性颜料保存的时间长，不容易褪色，所以可以用“丹青不渝”来表示一个人的忠贞。后来，因为史官在写史书的时候，经常用丹册记录人物功勋，用青册来记录事件，所以“丹青”也具有史册的意思。

“乐不思蜀”的后主刘禅

刘备死后，他的儿子刘禅继位，但是刘禅无治国之能，在身边的能臣都相继死去之后，蜀国也被魏国所灭。魏帝曹奂封刘禅为“安乐公”，并将他迁到洛阳。当时魏国掌权的其实是司马昭。司马昭有一次宴请刘禅，故意安排蜀国的歌舞表演，在旁的人都为蜀汉亡国感到悲伤，而刘禅却无动于衷，依旧非常开心。司马昭就问刘禅：“你想不想念蜀地？”刘禅回答说：“这里很快乐，并不思念蜀国。”

杜甫的“武侯”情结

杜甫一生漂泊多地，夔州是其中一个很重要的地方。这个地方古迹众多，故事传说丰富。不仅有战国时楚襄王和神女的传说，东汉的白帝城古迹，还有先主庙、永安宫、八阵图、武侯庙等，众多历史古迹，尤其是有关诸葛亮的遗迹，让杜甫感慨无限，写了很多首悼念诸葛亮的诗作。

诸葛亮本是布衣之身，躬耕于南阳，因刘备三顾茅庐，诸葛亮感其赤诚，答应出山辅佐于他，建立蜀汉。之后接受刘备托孤，殚精竭虑辅佐后主刘禅，前后六次出师伐魏，又两次上表辞行，出师北伐，最终死于行军途中。诸葛亮一生“鞠躬尽瘁，死而后已”，虽“出师未捷身先死”，但是他这一生能够得到刘备赏识，有诸多的机会施展才能，刘备最后甚至将自己的儿子刘禅都托付给他，可见信任备至。

相比诸葛亮，杜甫虽然和他在人格上达到了相同的高度，也都怀有同样的忧国忧民之心以及堪当大任的才华，但是杜甫没有能够遇到赏识自己的“刘皇叔”，一生未能如愿实现自己的政治理想，因此，诸葛亮是杜甫一生追逐的目标，是解不开的“情结”。

下面哪一个不是诸葛亮的别称？（　　）

A. 卧龙　B. 凤雏　C. 孔明

岑参，唐朝诗人，与高适并称“高岑”。

登古邺城①

［唐］岑　参

下马登邺城，城空复何见。
东风吹野火②，暮入飞云殿③。
城隅南对望陵台④，漳水东流不复回。
武帝⑤宫中人去尽，年年春色为谁来。

“邺城空凉风入殿，漳水东流人去尽。”

唐开元年间，作者从长安出发，漫游河朔（黄河以北地区）一带，途经邺城，感慨而咏此诗。这首诗歌记叙和描写了作者登临邺城之事及所见之景，表达了内心对空城犹在而古人长逝的伤感悲慨。

前四句点明题目，描写古邺城的空凉暮景。“空”字总括了邺城破败萧森的环境，渲染了凄凉惨淡的氛围，奠定了怅惘悲慨的基调，成为全诗的感情中心点。接着以“复何见”开启下文，东风野火，夜暮宫殿，将“空”进一步具体化。

后四句触景生情，抒发人事尽非的感慨。城南高台与东流漳水相互映照，抒发了作者对春色依旧而事经沧桑的思古情怀。尾句“人去尽”照应开头，“空”首尾贯穿，成为串联全诗的线索。诗末以议论作结，达到言有尽而意无穷的境界，尤为触怀。

这首登览邺城、吊古兴怀之作通过对破败空城的景物描写，倾吐了作者对世事变幻的悲凉慨叹，蕴含着对武帝曹操的深沉批判。全诗语言素淡自然，不拘一格地并用五言、七言，随着描写变化事物而流露出感情起伏，格调潇洒凄怆而饱含深厚力度。明胡应麟《诗薮》内编卷三有评：“李、杜外，短歌可法者，岑参《蜀葵花》《登邺城》。”

①古邺城：故址在今河北临漳县。②野火：磷火，俗称鬼火。③飞云殿：邺城宫殿。
④望陵台：铜雀台，曹操下令所筑。⑤武帝：指曹操。

三国故地，六朝古都——邺城

春秋初期，齐桓公为巩固霸业，修筑城池，称之为“邺”，邺城称谓始于此。战国前期，魏文侯掌管邺地，派西门豹治理，到了战国后期，赵国经营邺地，将其更名为“宁新中”。秦初，在邺城设安阳县，不称邺。西汉时期，开始设立魏郡，治所在邺。东汉末年，曹操击败占据邺城的袁绍以后，被封为魏公，建立魏国，在邺城定都，开始对邺城进行大规模的修缮。邺城有南北二城，曹操主要建筑了北城，这是邺城第一次走向繁华。

十六国时期，后赵石虎在曹魏的基础上进行了第二次大规模的营建，用砖石装饰高大的城门，又在城墙上每隔百步建一箭楼，这开创了我国古代建筑史上砖砌城墙的历史。东魏迁都邺城，开始修建南城，从此，邺城成为一个南北二城并立的大都市，可以和当时的长安、洛阳两都相媲美。

冉魏、前燕、东魏、北齐四朝也在邺城建都，直至北周末年，杨坚部下焚烧邺城，迁至安阳城，隋朝开皇十年（590年）又迁回原地。唐朝将邺城几经复改，最终不称邺直至唐朝灭亡。宋朝设彰德府，将邺城改为邺镇。由此，邺城在经历了一千七百三十年的漫长岁月之后，退出历史舞台，只留下史书记载还有埋于地下的雄伟繁华。

岑参铭记昔日辱，发愤图强成功名

诗人岑参出身于官宦之家，父亲岑植时任刺史，因此少时岑参家境优渥，锦衣玉食，且因是家中幼子，格外受宠。岑参因此骄纵，不爱读书，对学习很不上心，浑身上下都充满了纨绔子弟的毛病。然而，不幸的是，岑参九岁那年，父亲去世，家道中落，母亲也因伤心过度，大病一场，家中仆役见此也纷纷离开，各寻出路，家中只剩母亲和兄弟二人，长兄便担负起了家中重责。

虽知道家中境况变化，但岑参一时难以改变身上的习性。有一次，他偷偷离开家，在街上玩耍，偶遇以前的伙伴，他是父亲从前属下的儿子。岑参迎上前去，热情地与他打招呼，但是对方很是嫌弃他，十分不屑地叫他小乞丐。岑参看着自己身上破旧的衣服，伤心又沉默地退到一旁。被昔日同伴当街羞辱一番后，岑参暗暗发誓要努力学习，将来出人头地，重振家族辉煌，从此沉下心来，与兄长一同学习。每当冒出松懈的念头，岑参便会回想当日之辱，这件事如当头一棒使他始终不言放弃。终于，岑参在二十九岁那年，高中进士，光耀门楣，之后两度出塞，报国立功，在诗坛上也有了立足之地。

明代（　　）所辑、叶羲昂直解的《唐诗直解》中曰岑参《登古邺城》一诗“结有无边光景，只言片语，不尽欷歔”。

A. 李攀龙　B. 谢榛　C. 王世贞

杜牧，字牧之，唐朝诗人，与李商隐合称“小李杜”。

题武关①

［唐］杜 牧

碧溪留我武关东，一笑怀王②迹自穷。
郑袖③娇娆酣似醉，屈原憔悴去如蓬。
山樯谷堑依然在，弱吐强吞尽已空。
今日圣神家四海④，戍旗长卷夕阳中。

“途经武关叹楚王，唯愿家国长和祥。”

唐文宗开成四年（839年），作者从宣州（今安徽宣城）赴长安任职，途中路过武关，情从景生，慨楚怀王赴武关之约，葬身秦国之事，咏楚怀王遭受张仪之骗，作此诗以吊古伤今，抒发了山谷依在、人事全非的慨叹之感，表达了作者对国家统一、长久安定的希冀。

起笔意明点题，开门见山，将“碧溪”人格化，说明停留原因，以此映衬出武关的壮丽风光。紧接着由眼前之景联想历史过往，以“笑”字奠定了全诗主题，表达了对楚怀王的嘲弄。颔联承上启下，描写楚怀王的宠妃郑袖和弃臣屈原，用郑袖和屈原进行对比，道明“笑”之原因，由此衬托出楚怀王的昏聩无道，且为下文“尽已空”做铺垫。

颈联笔锋回转，从历史过往转为眼前之景，抒发兴废之叹，“在”与“空”对应，烘托出凄凉悲伤的氛围。全诗将落点着于尾联，作者心中国家四海、戍旗长卷之愿娓娓道来，体现了全诗的创作意图与宗旨。

此诗立意深远，抚今思古，将自然景色与历史背景联系转圜，由景入事，从史转物。作者借用楚怀王之事，感叹反思历史，影射忧思现实，抒发时过境迁之叹，以此警示当朝统治者：王朝兴衰皆在人事，进而倾吐了国家长治久安的美好愿望。

①武关：在今陕西丹凤县武关镇。②怀王：战国楚怀王。
③郑袖：楚怀王宠姬。④家四海：指国家统一。

怀王贪商於，绝齐信张仪

公元前313年，秦惠文王打算讨伐齐国，但是齐国与楚国联盟，关系紧密，于是就派张仪出使楚国，哄骗楚怀王与齐国断交。楚怀王听到秦国愿意奉上商於（今河南西峡县与陕西商县一带）六百里之地，便决定绝齐亲秦，不听大臣劝谏，下令关闭楚国与齐国的边界，赏赐张仪钱财礼物，派将军逢侯丑到秦国接收土地。

事成之后，秦王反悔，拒绝接见逢侯丑，不肯割让土地，商於之地六百里变成了张仪封邑六里。楚怀王大怒，便出兵伐秦。然而，楚国在与齐国断交后，齐国立马派人出使秦国，与秦建交，因此，楚国在此战中大败，韩、魏两国也趁机攻打楚国，楚怀王四面受敌，只好派陈轸到秦求和，派屈原到齐谢罪，这才得以平息。

翌年，秦国与楚国讲和，希望交换土地，但楚怀王表示不要土地，只要张仪。张仪深知楚怀王之恨，到达楚国以后，便通过权臣靳尚重金贿赂了宠妃郑袖，楚怀王听信郑袖之言，将张仪放走。张仪离开后不久，屈原就从齐国回来，劝谏楚怀王不要放走张仪，楚怀王听后十分悔恨，立即命人去追捕张仪，而张仪早已离开楚国，到韩国去游说了。

为弟放弃鸿图志，违规绕路远赴京

诗人杜牧十几岁时，父亲杜从郁英年早逝，留下了年幼的弟弟杜顗，杜牧便抚养弟弟长大，兄弟二人相依为命。杜牧志在仕途，在三十三岁之时升为监察御史，但是世事不尽如人意，弟弟杜顗得了眼疾，双目失明，为了治疗弟弟的眼疾，杜牧告假百日。依唐朝律例，假满百日，依例去官。杜牧失去了一展宏图的机会，只能再次做幕僚，带上弟弟去了宣州。

唐开成三年（838年），身在宣州的杜牧接到了回京担任左补阙、史馆修撰的任命，但杜牧迟迟没有出发。他在京城没有资产，京城官员的俸禄十分微薄，带着弟弟和他的医生石公集上京，无法安置和照顾。杜牧决定去找担任江州（今江西九江）刺史的堂兄杜慥帮忙，刺史是地方长官，有能力暂时照看弟弟。

打定主意之后，杜牧就带着两人沿江西上，到达江州之后，便将弟弟和石公集托付给了堂兄。兄弟二人忍痛离别，杜牧一人北上。在唐朝官员赴京任职的途中，杜牧的绕路此举实属违规，但为了安顿弟弟，杜牧绕道江州，再转至汉水，最后经过南阳、武关、商山等地再入长安。杜牧为了弟弟杜顗可以放弃鸿途，违规绕路，此情此举感人至深。

武关地势严峻，自古为兵家必争之地，与函谷关、大散关、（　　）并称为“秦之四塞”。

A. 潼关　B. 山海关　C. 萧关

李商隐，字义山，号玉溪生，唐朝诗人，与杜牧合称“小李杜”。

茂　陵①

［唐］李商隐

汉家天马出蒲梢②，苜蓿榴花遍近郊。
内苑只知含凤嘴③，属车④无复插鸡翘。
玉桃偷得怜方朔⑤，金屋修成贮阿娇。
谁料苏卿⑥老归国，茂陵松柏雨萧萧。

解读赏析 JIEDU SHANGXI

“赋闲在家未效力，归朝晚矣长叹息。”

唐武宗会昌二年（842年），作者母丧回乡守孝，三年孝期满后回京，不过几月，武宗逝世，遂赋此作。全诗借汉比唐，虽写汉武帝实指唐武宗，歌咏武宗生前卓越功绩，讽刺武宗晚年昏庸不堪，借苏武自喻，抒发了赋闲在家，归朝已晚的憾恨。

唐文宗时大权旁落，宦官当政，武宗即位后重整朝纲，首联便通过展现汉朝繁荣景象，宣扬汉武帝功绩，以此赞赏唐武宗的早年作为。颔联描写武宗隐蔽身份、微服出巡的事迹，承上启下，进一步丰富唐武宗的人物形象。颈联用典贴切自然，方朔偷桃讽刺武宗晚年宠信道士，沉迷求仙长生之道，金屋藏娇讽刺武宗贪恋女色。此六句一气呵成地展示了武宗的形象，为下文抒发感情打下基础。尾联以“谁料”起笔，陡转突变至苏武凭吊武帝茂陵之事，点题明旨，追思之情化为满腔叹惋。

此诗通篇运用汉武帝的事迹来影射唐武宗，将汉武帝与唐武宗相似之处联系起来，塑造了有血有肉的武宗形象，对武宗赞扬中蕴有批判，批判里隐含叹息，复杂情感融为深长喟叹。清代纪昀评此诗，云：“前六句一气，七八调转作收，义山多用此格。此首尤神力完足，其言有物故也。”

①茂陵：汉武帝陵寝。②蒲梢：古代良马。③凤嘴：指传说中用凤嘴麟角熬成的一种胶。
④属车：古时皇帝出行车队的副车。⑤方朔：指汉武帝时文士东方朔。⑥苏卿：指汉武帝时臣子苏武。

皇家的出行仪仗——卤簿

汉代蔡邕《独断》记载："天子出，车架次第，谓之卤簿。"卤簿是皇帝出行时随从的仪仗，"卤"在古代通"橹"，意为"大盾"；"簿"指"册簿"，是记录车架第次及人员装备的规模、数量和等级的典籍。卤簿主要在祭祀、朝会、外出及巡幸时使用，主要作用是保障皇帝及人员的安全，彰显帝王至高无上的权力威仪。

唐朝时期，皇帝、皇太后、皇后、皇太子各有卤簿，皇帝卤簿等级最高，规模最大，皇太后、皇后及皇太子卤簿皆不能超出皇帝卤簿规格。皇帝卤簿由羽葆、华盖、旌旗、罕毕、车马等构成，皇帝车舆主要分为八等，玉辂、金辂、象辂、革辂、木辂五种车舆称为"五辂"，再加上耕根车、安车、四望车三种，共八等。另外还有指南车、白鹭车、鸾旗车、轩车、羊车等副车作为仪仗而用。

皇帝卤簿出巡时，后随清游队、朱雀队、鼓吹、持鈒前队、持鈒后队、诸卫马队、玄武队等，每队都各有文武官员、骑兵甲士、旗幡车舆、仪仗法物等，车舆分列前后行驶于仪仗，若是盛大典礼，则分置左右。但唐朝皇帝卤簿也并非一成不变，前后期各有少许不同。

会昌居丧错时局，哀绝叹惋意难平

唐文宗时期，李商隐屡遭牛李朋党之害，仕途坎坷，这种情况在武宗即位后得到改善。武宗重用李德裕，命其抗击回鹘，镇压叛乱，唐朝一度再次出现了兴盛局面。会昌二年，李商隐再次入秘书省为正字。但是在不久后，李商隐的母亲因病在长安去世，按照唐朝规定，需要服丧三年，李商隐做正字不过几个月就离官归家了。

回乡后，李商隐除葬母外，曾祖母、堂叔、侄女也接连去世，李商隐带着沉重悲痛的心情为他们举行了隆重的坟葬。会昌五年冬，李商隐守孝期满，重回秘书省，他带着雄心壮志回到长安时却发现朝局已变。这时的武宗灭佛亲道，沉迷修炼长生之术，不理朝政。李商隐预见朝政暗淡，心情复杂不免感慨失望。

会昌六年正月，武宗因长期服用丹药而驾崩，李商隐悲痛万分，作下许多诗作缅怀武宗。《昭肃皇帝挽歌辞三首》追念功绩；《瑶池》哀悼讽喻，李商隐对武宗的不幸早逝哀伤叹然，感慨自身因守丧居家而不能为之效力，心中隐痛难平；《茂陵》借悼念武宗将诗人心底的喟叹倾泻而出，吐露无遗。

知识小问答

元代方回在(　　)一书中评李商隐《茂陵》曰："义山诗织组有馀，细味之格律亦不为高。此诗讥诮汉武甚矣，谓骄侈如此，终归于尽也。"

A.《诗境浅说》　B.《瀛奎律髓》　C.《艺苑卮言》

孟浩然，名浩，字浩然，唐朝诗人，与王维并称“王孟”。

登鹿门山①怀古

［唐］孟浩然

清晓因兴来，乘流越江岘②。
沙禽近方识，浦树遥莫辨。
渐至鹿门山，山明翠微浅。
岩潭多屈曲，舟楫屡回转。
昔闻庞德公③，采药遂不返。
金涧饵芝术，石床卧苔藓。
纷吾感耆旧④，结揽事攀践。
隐迹今尚存，高风邈已远。
白云何时去，丹桂空偃蹇⑤。
探讨⑥意未穷，回艇夕阳晚。

“乘船登临鹿门山，赏景缅怀庞德公。”

《登鹿门山怀古》一诗记叙了作者乘船游览鹿门山之事，展现了沿途及登山所见之景，触景生情，通过悼念缅怀东汉隐士庞德公，抒发了作者对故乡先人的钦羡敬仰之情，且表达了对隐居生活的向往之意。

首句以景起笔，“清”字营造了澄洁清幽的境界，随后道乘船越江之事，引出下文景色。沙禽、浦树动静结合，近识遥辨远近相宜，生动地呈现出鹿门山的壮丽景色。后一句点题，既承接上文，概括鹿门山翠微山明之景，又为下文描写岩潭屈曲、舟楫回转做铺垫。诗歌到此，皆是景语。后四句笔锋突转，凭吊先贤，描写庞德公的行踪事迹，感慨故人高风远逝，表达了深切动人的缅怀之情。末尾两句又从叙事抒感转为探讨景色，以景语结篇，蕴含了作者意犹未尽之感及对隐居的志趣向往。

全篇运笔潇洒自然，使用大量篇幅描写变幻动人的景色，时间线索明确，由清晨登临写至日暮归去，景致随着游程与时间而变，先以景蓄情，感而不发，再叙写先人之事，表达深刻的缅怀凭吊，最后回转于景，终结全诗，韵味悠长，明代李梦阳也评价此诗“思致郁密”。

①鹿门山：在今湖北襄樊市东津镇，原名苏岭山。②江岘：汉江沿岸的岘山。③庞德公：东汉襄阳隐士。④耆旧：德高望重的老人，这里指庞德公。⑤偃蹇：树木高大的样子。⑥探讨：探寻山水。

拒刘表亲请，授孔明学问的隐士——庞德公

庞德公是东汉末年的一位名士，携妻子躬耕隐居在襄阳岘山。群雄之一的刘表多次请他出山，他从未答应，且说："且各得其栖宿而已，天下非所保也。"刘表并未死心，亲自去请，到达的时候庞德公和妻子正在田间耕作，见刘表前来，庞德公便停下与刘表交谈，妻子继续劳作。刘表见此，便问庞德公为何宁愿苦居畎亩也不肯食官禄，将来要将什么留给子孙后世呢？庞德公曰："世人皆遗之以危，今独遗之以安。虽所遗不同，未为无所遗也。"刘表听后叹息离去。

虽不愿出仕，但庞德公依旧以深厚的学问和高尚的人品闻名当地，许多学子都仰慕他，诸葛亮也是其中一位。庞德公的儿子庞山民是诸葛亮的二姐夫，诸葛亮因此经常借探望二姐的机会到庞家拜见庞德公，对其恭谨尊敬。通过交谈，庞德公发现诸葛亮天资聪颖，勤奋好学，因此倾囊相授，后又将诸葛亮还有侄子庞统推荐给司马徽，司马徽的才能学识令庞德公钦佩，且办有私学，庞德公称他为"水镜先生"。诸葛亮和庞统一块学习，后又一同拜在刘备帐下，成为重要谋士。对于诸葛亮来说，庞德公是学识之师，更是人生之师。

吟诗断仕途，隐居归南山

孟浩然在三十九岁之前一直隐居在襄阳岘山附近的涧南园，唐玄宗开元十六年（728年），他决定赴京赶考。唐朝主要以诗赋取士，孟浩然初到长安，名声不够，也没有重要官员的引荐，因此名落孙山。孟浩然落第之后留在长安，广泛结交，因才气出众，很快在长安文人中享有盛名，与王维并称"王孟"，结为知己好友。

一天，王维将孟浩然领到自己的官衙之内谈论诗词，唐玄宗突然而至，还是白身的孟浩然不能见驾，又来不及避开，只好躲在床下。王维不敢隐瞒唐玄宗，将事情如实禀告。唐玄宗早就听过孟浩然的名声，对他十分感兴趣，让他不必躲藏。孟浩然就出来拜见了唐玄宗，按唐玄宗的要求念诗给他听。

孟浩然吟诵自己的得意之作《岁暮归南山》："北阙休上书，南山归敝庐。不才明主弃，多病故人疏。白发催年老，青阳逼岁除。永怀愁不寐，松月夜窗虚。"唐玄宗听后很不高兴，尤其是"不才明主弃"一句引起了唐玄宗的反感，他斥责孟浩然不主动求官反而诬赖自己抛弃他，便命令孟浩然回乡。孟浩然在唐玄宗面前吟诗，不仅没有赢得皇帝的青睐，反而断送了自己的仕途，只能过隐居生活。

中唐诗论家（　　）在《诗式》中将孟浩然《登鹿门山怀古》中的"白云何时去，丹桂空偃蹇"一联作为"意中之静"的范例。

A. 张为　B. 皎然　C. 贯休

张昇，字杲卿，宋代词人。

离亭燕·一带江山如画

［宋］张　昇

一带江山如画，风物[①]向秋潇洒。
水浸碧天何处断？霁色[②]冷光相射。
蓼屿[③]荻花洲[④]，掩映竹篱茅舍。
云际客帆高挂，烟外酒旗低亚[⑤]。
多少六朝兴废事，尽入渔樵闲话。
怅望倚层楼，寒日无言西下。

“六朝兴废入闲话，怅然无言望日下。”

这首咏景怀古之作是作者客游金陵时所写，描绘了金陵秋日的潇洒如画之景，抒发了六朝兴废的沧桑悲凉之感。全词以景抒情，境界开阔，层层勾勒，语言质朴而情感深挚。

上阕写景，展示凸显金陵一带宏阔如画的江山和潇洒清秋的风物。起笔鸟瞰全景，着笔地点与时令，概括描写秋日山水风光之美，一锤定音。后四句承接上文，萧疏明丽，先细致点染出一幅水天相接、光风霁月之图，“浸”字形象地写出浩荡江势，予人以浑然莫辨之感。后由江中洲景转向人家屋舍，为下文抒发心中之慨做铺垫。

下阕怀古，抒发倾吐六朝迭变、人世无凭的万般感触，尽显苍凉。首句承接上阕，描写人物活动，动静结合，相互映照。后即由景转事，点明史实，感慨六朝兴亡皆成为渔樵闲话之事，泛起沧桑萧索的怀古之情。末句是全篇的情感中心点，以景语而终全篇，作者倚楼望日西下的场景透露出怅惘孤寂、无言诉说的苍凉之感。

此作上阕游览江山，赞赏美景，从而引出下阕抒感怀古，景中有情，以壮丽苍茫之景寄寓伤慨苍凉之情，相互映衬，渲染出含蓄沧桑、疏淡浪漫的格调。

①风物：景物。②霁色：雨后晴天。③蓼屿：蓼花丛生的水边高地。
④荻花洲：长满荻花的小洲。⑤低亚：低垂。

我国古代的广告招牌——酒旗

“酒旗”原是位于轩辕星南的星座名称，主宰宴享饮食，因此，每当帝王贵族饮酒时，都悬挂一面“酒旗”以表示对酒旗星的敬祭，酒旗就成为帝王专用的政令标识。商代时，酒就开始成为商品出现在交易市场，之后，民间酒肆渐渐兴起，卖酒买酒实属平常，酒旗也随着酒肆的产生而流行民间，唐朝以后，酒旗成为一种普遍的酒家标识。

古时，酒旗几乎相当于今日的招牌和广告牌，有招揽顾客、传递信息的作用。酒家开门营业有酒可卖时将酒旗或高悬店铺之上，或挂于房前屋顶，行人远远就可看见，店家无酒可售时就收下酒旗，所以酒旗又有酒标、酒榜、酒招、帘招、招子及望子等别称。在质地上，酒旗多由布制作而成，又称酒帘、酒旆、酒幔、幌子等。酒旗的颜色以青色和白色为主，因此，也可称酒旗为青帘、青旗、素帘、翠帘、彩帜等。从类别上来说，酒旗主要分为两类，一是象形酒旗，在酒旗上作象形图画，如酒壶等实物模型；二是文字酒旗，以单字甚至诗句、对子来表现，商家常在酒旗上署上店家字号。

忠谨清直的大臣——张昇

张昇是宋朝仁宗、英宗时的名臣，出身寒儒。宋真宗大中祥符八年（1015年），张昇得中进士，被任命为楚丘（今山东曹县）主簿，后长期在绛州（今山西新绛）、邓州、庆州（今甘肃庆州）、秦州、青州等地担任地方官员，颇有政绩。宋仁宗至和二年（1055年），正担任青州刺史的张昇被仁宗重用为御史中丞，职责是纠察百官。

宰相刘沆因御史范师道、赵抃曾指责过他的不端行径，记恨于心，暗中排挤，意欲将二人赶出朝廷。张昇知晓后，极力维护范师道与赵抃，向仁宗上疏进言，道御史是天子耳目之官，不能因宰相发怒就被斥离朝廷，最后刘沆罢相而去。

仁宗见张昇刚正直谏，不知回避，便对他说：“你出身孤寒，为何还要不断批评朝中重臣？”张昇回答：“我因皇上才能当官，能为陛下治理国家这就是不孤。当下光拿俸禄、不干实事的臣子多，为国分忧、赤胆忠肝的少，像陛下这样才是真正的孤寒。”仁宗听后，不仅没有生气，反而十分感动，继续重用张昇。英宗时，张昇以八十岁高龄请求告老还乡，司马光上疏言：“昇为人忠谨清直，不可干以私，若使且居其位，于事亦未有旷废也。”张昇遂以太子太师致仕，退居故乡。

（　　）在《宋词通论》中评价张昇《离亭燕·一带江山如画》说：“此词于冷隽中寓悲凉之感。阕中如‘霁色冷光相射’‘寒日无言西下’句，尤觉冷艳触人心目，而语意无穷。”

A. 薛砺若　B. 唐圭璋　C. 夏承焘

本章知识小问答答案

第 3 页　正确答案：C.《珊瑚钩诗话》

第 5 页　正确答案：B. 韦应物

第 7 页　正确答案：B. 徐扬

第 9 页　正确答案：A. 西陵之战

第 11 页　正确答案：B.《诸葛庙》

第 13 页　正确答案：A. 壮年。唐朝规定二十一至五十九岁为丁

第 15 页　正确答案：C.《子虚赋》

第 17 页　正确答案：A.《瓯北诗话》

第 19 页　正确答案：B. 杨广

第 21 页　正确答案：A. 楚平王

第 23 页　正确答案：B. 凤雏

第 25 页　正确答案：A. 李攀龙

第 27 页　正确答案：C. 萧关

第 29 页　正确答案：B.《瀛奎律髓》

第 31 页　正确答案：B. 皎然

第 33 页　正确答案：A. 薛砺若

论史篇

『不容青史尽成灰』，历史从来不是只有一面的。每个诗人眼中的历史真相更是有所不同。

杜牧，字牧之，号樊川居士，唐代杰出的诗人、散文家。与李商隐并称“小李杜”。

赤　壁

［唐］杜　牧

折戟[①]沉沙铁未销，自将[②]磨洗[③]认前朝。
东风不与周郎[④]便，铜雀春深锁二乔。

解读赏析
JIEDU SHANGXI

“只欠东风。”

杜牧的《赤壁》在咏史诗中，占有一席之地。

“折戟沉沙铁未销，自将磨洗认前朝”写的是折断的战戟被埋在泥沙中并没有被海浪销蚀，将它磨洗后辨认出这是前朝东吴的旧物。平淡的叙述，暗含着风起云涌的历史。正是这样一件锈迹斑驳、沉寂六百多年的前朝旧物，勾起诗人万千思绪，回溯历史，追忆前人，百感交集。为后文的抒怀做了很好的铺垫。

“东风不与周郎便，铜雀春深锁二乔”写的是假如东风顺了周瑜意愿，那么成败恐怕又是另一番景象了。结果应该是曹操胜利，而二乔也会被曹操关进铜雀台吧。这两句是咏史议论，这里杜牧巧妙地选择了周瑜取胜的关键因素“东风”切入，反面入笔，假使东风不给周郎以方便，那么，胜败就要易位，历史形势将完全改观。从而假想出了曹军的胜利，东吴的失败局面。二乔也只能被关在铜雀台。

值得一提的是，二乔不是普通的美女，而是身份地位特殊的贵妇人。可以说她们的身份地位和处境代表着东吴的尊严。试想，若东吴前国主和当朝主帅之妻均已被曹军掳去铜雀台，那么东吴的社稷和遭遇便可想而知了。这就使得全诗既生动形象，又含蓄蕴藉，富有情致，让读者十分直观地感受到历史造化弄人。

这首诗里，杜牧隐隐带有一种无奈的感叹，托史感怀。周郎有天助，天时地利人和，而他自己呢？

①折戟：折断的戟。戟，古代兵器。②将：拿起。
③磨洗：磨光洗净。④周郎：指周瑜，字公瑾，年轻时即有才名，人称周郎。后任吴军大都督。

历史中的铜雀台

汉赋、唐诗、宋词乃至《三国演义》中，我们都听过铜雀台，那么铜雀台又是什么呢？

据记载，曹操消灭袁氏兄弟后，夜宿邺城，半夜见到金光拔地而起。第二天从散发金光的地方挖出一只铜雀。谋士荀攸献言说：“昔日舜母梦见玉雀入怀而生舜。今得铜雀，亦吉祥之兆也。”曹操听了十分高兴，决定建铜雀台于漳水之上，以彰显其平定四海之功。

铜雀台现在位于河北省邯郸市临漳县，这里古称邺。当时曹操一共修建了铜雀、金凤、冰井三台，即史书中之“邺三台”，这里也是建安文学的发祥地。

乱世佳人之江东二乔

《三国志》中《周瑜传》记载：“从攻皖，拔之。时得桥公两女，皆国色也。（孙）策自纳大乔，（周）瑜纳小乔。”二乔原为桥公之女，东汉建安四年，虎将孙策借得三千兵马，在周瑜的帮助下，一举攻克皖城。桥公一家住在皖城东郊，二乔美貌远近闻名。孙策慕名前来求亲，周瑜和他一道前来。孙策和周瑜在当时也是颇有名望的少年英雄。

《三国志》中，称孙策“美姿颜”，周瑜“有姿貌”。这样两位青年才俊，最终得愿以偿，娶得江东二乔，郎才女貌，一时传为佳话。

赤壁之战

建安十三年（208年），曹操、孙权、刘备在赤壁进行了一场争夺汉鼎的大战，这就是有名的“赤壁之战”。赤壁之战恐怕是中国历史上最经典的战役之一了。它的特点有三：一是中国历史上以少胜多、以弱胜强的著名战役；二是中国历史上第一次在长江流域进行的大规模江河作战；三是奠定了三国鼎立的局面。也正因为这场战役的经典与意义，它成为许多文人骚客笔下的题材。

关于赤壁之战，曹操击败袁绍后，想要乘势追击，率二十三万曹军顺长江东进，击败孙权，统一天下。当时处于弱势的刘备与孙权结盟抗衡曹操。孙权任周瑜为主帅，联合刘备军队，共约五万人沿着长江西进，抗击曹军。两军对峙于赤壁。当时的曹军从北方而来，曹操采纳建议，将战船首尾相连，结为一体，便于演练水军。却不知这是孙刘联军的计谋。周瑜采纳部将黄盖的火攻计，让黄盖诈降曹操，曹操中计。黄盖诈降时率军船顺风冲入曹军水寨纵火。曹军船阵被烧，火势延及岸上营寨。曹操损失惨重，率部队撤退。孙权和刘备乘胜追击，占领荆州要地。于是乎，三国鼎立的局面初步形成。

“东风不与周郎便”中的“东风”是指？（　　）

A. 气势　B. 春风　C. 东边吹来的风，暗指火烧赤壁

杜牧，字牧之，号樊川居士，唐代杰出的诗人、散文家。与李商隐并称“小李杜”。

题乌江亭

［唐］杜　牧

胜败兵家事不期，包羞忍耻①是男儿。
江东子弟多才俊②，卷土重来③未可知。

“英雄挽歌。”

在这首诗里，杜牧对项羽的情感，正如太史公对项羽的情感。司马迁借项羽之口说，“天要亡我，非战之过”。看似是批评，认为项羽这个人刚愎自用，到最后一刻，依旧不知道自己问题在哪儿。但是，司马迁把项羽放在了本纪，专写帝王的本纪序列，而且项羽本纪是《史记》最精彩的篇章之一。言语之间，包含着对项羽英雄本色的惋惜。这点与杜牧不谋而合。

第一句“胜败兵家事不期”，直截了当地指出胜败乃兵家常事，无法预料，再正常不过了。可是常识性的问题，为什么要开篇提出？这里隐藏了一个没有说出的话，胜败之常，关键在于如何对待。第二句“包羞忍耻是男儿”，其实是叹惋，不是项羽你这样遇到挫折便含羞自刎的人是男儿，而是懂得能屈能伸、忍辱负重的才是男儿。第三句“江东子弟多才俊”，既是对“江东虽小，地方千里，众数十万人，亦足王也”的艺术概括，同时表达了人生机会很多，不止眼前苟且，要懂得面对现实，抓住时机。最后一句“卷土重来未可知”是点睛之句，也是最有力度和气势的一句。是对项羽另一种选择的美好展望，隐含着惋惜、批判，又表明了“败不馁”的道理。

杜牧的这首咏史诗，见解独到，带有批判的期许和浪漫的希望。

①包羞忍耻：大丈夫应能屈能伸，有忍受屈耻的胸襟气度。
②才俊：才能出众的人。才，一作“豪”。③卷土重来：指失败以后，整顿以求东山再起。

历史中的乌江亭

乌江亭最早是指历阳县乌江浦渡口的一个亭。在秦汉时期这里就设有亭长，乌江亭也是我国最早的驿站之一。楚汉相争时，西楚霸王项羽在此兵败自尽，乌江亭也因此染上一丝悲壮的色彩，闻名于世。司马迁《史记 · 项羽本纪》记载了西楚霸王项羽的故事。

项羽兵败后，韩信等人追击项羽，设下十面埋伏，引诱项羽及楚军陷入困境。项羽带着剩存的八百江东子弟兵连夜突围。虽然突围成功，南渡淮河，但是追兵不舍，项羽到了乌江，此时已是穷途末路，项羽的八百子弟兵也只剩二十六人了。

此时乌江亭长劝慰项羽过江，项羽深知大势已去，说道“天之亡我”，并说他与江东弟子八千人渡江而西，今无一人还，他已经无颜见江东父老，遂拔剑自刎。

杜牧的《题乌江亭》与王安石的《乌江亭》

杜牧在赴任池州刺史的途中写下咏史七绝《题乌江亭》后的两百年，另一个文豪王安石在舒州通判任满赴京途经乌江亭时，也写了一首《乌江亭》：“百战疲劳壮士哀，中原一败势难回。江东子弟今虽在，肯与君王卷土来？”

两大文豪，两首《乌江亭》，同一题材，却代表着不同的观点。如果说杜牧的《乌江亭》表达的是一种叹惋，是感性的抒发，胜败乃兵家常事，重整旗鼓，东山再起，这是一种美好的寄望。而王安石的《乌江亭》表达的是一种理性的思考，项羽大势所趋，已经不会再有人愿意帮助他了，他的命运已经无法挽回了。

两首诗读来，笔者更喜欢杜牧的《题乌江亭》，因为更带有一点人文的温暖。字里行间流露出对英雄的惜爱，对人性血性义气的信任，对战争胜负的心态，带有浪漫的理想情怀。虽然王安石的《乌江亭》更符合现实主义，道出了人心莫测。但是，项羽这样的悲情人物，不应该有士为知己者死的追随者吗？

杜牧的咏史诗，总是能不落窠臼，见解独到。

“江东子弟多才俊”中的“江东”是指？ （　　）

A. 长江东部地区　B. 地名　C. 长江南岸地区

王安石，字介甫，号半山，世人又称王荆公，唐宋八大家之一，著有《王临川集》等。

叠题乌江亭

［宋］王安石

百战疲劳壮士哀，中原一败①势难回。
江东子弟今虽在，肯与君王卷土来②？

“大风起，伊人泪，难相随。”

乌江亭，这个见证了一代名将悲惨结局的地方，为后世诗人们提供了无数假设议论的空间：乌江亭边，若是项羽选择回到江东，重整旗鼓，那他还能够卷土重来吗？唐代诗人杜牧的答案是“卷土重来未可知”，而王安石却借《叠题乌江亭》这首诗表达了截然相反的观点。

诗人先是通过前两句分析了项羽兵败的原因。楚汉相争之际，战事频频，项羽方面接连失守，兵将早已疲敝，纵使项羽英勇神武，也难以消除军队日渐低落的士气。垓下一战，四面楚歌，胜负分明，曾经的西楚霸王大势已去，不得不连夜突围，败走乌江。

彼时，江东是否能够成为项羽的蓄势重起之地？江东子弟是否还能够再次成为这位气力盖世的英雄重整河山的助力？诗人在后两句鲜明地指出，尽管江东辽阔，才俊多出，但人心向背，大局已定，历史的车轮不断向前，一切皆成过往，难以复还。

同是议论项羽，不同诗人的经历决定了他们看待同一问题不同的视角。王安石熟读青史，又是北宋朝堂上的政治风云人物，因此，其诗说理客观而冷静，见解独到而深刻。

落句以反问作结，既是问人，亦是问己，强化了全诗恢宏而壮烈的气势，诗人的答案也由此昭然若揭：项羽的失败，乃是必然。

①中原一败：指项羽垓下之败。
②卷土来：卷土重来。

“无颜见江东父老”之说缘何而来

杜牧的《题乌江亭》和王安石的《叠题乌江亭》都提到了江东，江东是项羽起兵的地方，他带领江东子弟破釜沉舟，消灭秦军主力，自立为“西楚霸王”，却在与刘邦的楚汉相争中连连失利。而失败的原因里少不了项羽刚愎自用的成分，可谓是英勇有余而谋略不足。

曾经战功赫赫，如今兵败如山倒，这是项羽不能忍受的。即使乌江亭边有存活的希望，项羽仍然选择了放弃，认为自己没有脸面再见江东父老。司马迁《史记·项羽本纪》记载道：“纵江东父兄怜而王我，我何面目见之？”这便是“无颜见江东父老”之说的出处。

不修边幅的宰相诗人

王安石，这个在历史上集思想家、政治家、文学家、改革家等众多称号于一身的北宋名相，生活中却是一个不修边幅的人。

《宋史·王安石传》中说王安石：“性不好华腴，自奉至俭，或衣垢不浣，面垢不洗。”意思是说王安石极为清廉朴素，不喜欢丰美的衣食，衣服脏了还继续穿，脸脏了不洗，长期不洗澡以致身上长虱子。

有的人，人后邋遢，人前光鲜。但王安石始终如一，不仅在自己家里如此，出门上朝亦是如此，不讲卫生的坏习惯时人皆知。同时期的苏洵曾说王安石“衣臣虏之衣，食犬彘之食”“囚首丧面而谈诗书”，称得上是有画面、有味道的吐槽了。

除了不讲卫生，王安石对饮食也不怎么讲究，有什么吃什么，什么吃着方便就吃什么，去朋友家做客只吃离自己位置最近的菜，丝毫不愿意为了吃而多费精力。王安石此般生活习惯，自然是敌人厌、朋友劝，可他仿佛并不太在意。

那么，不爱穿着、不爱吃喝、不爱洗漱的王安石，他的业余生活时间都去哪儿了呢？答案是：读书。王安石常常看书直到深夜，著书立说。才华横溢的他被后人列为“唐宋八大家”之一，有《王临川集》《临川集拾遗》等作品流传后世。

“视富贵如浮云，不溺于财利酒色”是黄庭坚对以下哪位诗人的评价？（　　）

A. 欧阳修　B. 王安石　C. 苏轼

杜甫，字子美，唐朝诗人，世称“诗圣”，与李白合称“李杜”。

八阵图[①]

［唐］杜　甫

功盖[②]分三国[③]，名成八阵图。
江流石不转[④]，遗恨失吞吴[⑤]。

解读赏析
JIEDU SHANGXI

“金石不转八阵图，诸葛精神遗千古。”

唐代宗大历元年（766年），作者初到夔州（今重庆奉节县），在游历八阵图遗址后写下这首咏怀论史的诗歌。这首诗歌咏诵了诸葛亮的丰功伟绩以及在军事方面的超人才智，同时抒发了对刘备破坏联吴抗魏计划，未能统一天下大业的遗憾惋惜之情。

前两句描写了诸葛亮的一生功业，表达了对诸葛亮的称颂赞扬。“功”“名”二字分领首句，气势磅礴，肯定了他的历史地位和功名成就。“盖”字遒劲有力，充分展现了诸葛亮从“分三国”到“八阵图”的卓越才能和盖世无双。

后两句将眼前实景与历史事实相映衬交融，营造出憾恨怅然的氛围。“石不转”和“失吞吴”形成鲜明而强烈的对比，通过凭吊八阵屹立不倒的石块来怀念诸葛亮，讽刺了刘备吞吴的举动葬送了诸葛亮联吴抗魏的统一大计。

这首诗歌庄严厚重，简易精练，不仅表达了对一代奇才诸葛亮的仰慕，同时暗讽了刘备不听谏言、攻打吴国的行为，更是对诸葛亮宏图大计的断送而深感叹息。此诗怀古与咏怀融为一体，实景与情感交织相汇。意在言外，遥深而发人深思、扣人心弦。《唐宋诗醇》也评价此诗“遂使诸葛精神，炳然千古，读之殷殷有金石声”。

①八阵图：古代作战时的一种战阵布置方式。②功盖：卓越的功绩。③分三国：魏、蜀、吴三国鼎立的局势。④石不转：用石块垒成的八阵岿然不动。⑤失吞吴：吞并吴国为失策。

最强军师诸葛亮，得意之作八阵图

“阵”即“陈”，是古代交战时军队的部署阵势。“八阵”最早为孙子所创，之后在交战或演练中广泛使用。而诸葛亮的八阵图是在“八阵”的基础上根据蜀地地势及作战对象创新突破而来，诸葛亮也曾自言：“八阵即成，自今行师，应不复败矣！”

在今重庆奉节西南的长江岸边，诸葛亮用石块垒成天、地、风、云、龙、虎、鸟、蛇八阵，以其为基本阵形，分成生、伤、休、杜、景、死、惊、开八门，三道门为生门，五道门为死门。这些滚滚乱石在夏日水涨时隐没于水中，冬日水退时显现出水面，在历史长河的波涛激流中依旧岿然不动，见证着岁月变迁。

八阵图运用了车、弩、步、骑兵的综合协同作战方式，反应迅速，威力倍增。八阵图阵形复杂，灵活机动，根据地势情况可将阵形调整为方、圆、曲、直、锐等多种形状。巧妙多变的作战形态，秋毫无损的阵形石块，使得八阵图历来被古代军事家们瞻仰敬慕，为诗人们吟咏歌诵。

杜甫心怀恻隐，写诗劝阻筑墙

唐代宗永泰元年（765年），杜甫离开成都，沿着岷江和长江东下，次年春末，他到达夔州，原本并未做长久停留的打算，但“无边落木萧萧下，不尽长江滚滚来”的夔州风光留住了他近两年，白帝城、八阵图皆在他的笔下展现。在游览山川风光的同时，杜甫也关注百姓生活，《负薪行》就描写了三峡女性的生活，感叹她们的悲惨命运。

杜甫寓居夔州的近两年，频繁迁居，居住在瀼西（今奉节瀼水西岸）的时候，在住所旁辟出一块土地来种植果园，除了请人代劳，杜甫也亲自农作，插秧种菜。他的邻居是一位生活贫苦的妇人，受生活所迫，只能每日怀着忐忑不安、担惊受怕的心情去杜甫的果园里打枣子吃。杜甫知晓事情的原委，但从不惊动打扰，任凭妇人每日打枣。

后来，杜甫移居他所，将房屋连同果园都转交给了从忠州来的吴南卿。吴南卿不久就发现了邻居妇人打枣的行为，见她穷苦不堪，偷枣度日，就打算将房屋和果园筑上篱笆挡住，防止妇人再偷东西。杜甫知道这个消息，写下《又呈吴郎》一诗来劝阻他。“堂前扑枣任西邻，无食无儿一妇人。不为困穷宁有此？只缘恐惧转须亲。即防远客虽多事，便插疏篱却甚真。已诉征求贫到骨，正思戎马泪盈巾。”诗歌亲切动人，可见杜甫的仁爱恻隐之心。

西晋（　　）曾评价诸葛亮的八阵图，说“推子八陈，不在孙、吴”。

A. 刘弘　B. 李兴　C. 司马炎

李商隐，字义山，号玉溪先生，晚唐诗人，与杜牧齐名，并称“小李杜”。

楚　宫

［唐］李商隐

湘波如泪色漻漻，楚厉①迷魂逐恨遥。
枫树夜猿愁自断，女萝②山鬼③语相邀。
空归腐败犹难复，更困腥臊④岂易招？
但使故乡三户⑤在，彩丝⑥谁惜惧长蛟。

“屈原迷魂独飘零，心中愁恨难消弭。”

这是一首凭吊屈原的慷慨诗作。唐宣宗大中二年（848年），幕主郑亚被贬，作者无奈从桂州（今广西桂林）返回长安，途经潭州（今湖南长沙），触景生情，念及屈原，作下此诗，表达了对屈原含冤长逝、孤魂难招的惋惜悼念，抒发了作者在政治上不得志的郁郁之情以及对人生漂泊不定的哀叹。

首联描写湘江景色和屈原迷魂。作者以湘波喻泪水，形象贴切地诠释出屈原含恨离世的悲愤沉痛。“恨”字奠定了全诗的怨念基调。颔联对仗工巧，运用“枫树”“夜猿”“女萝”“山鬼”等意象来渲染凄凉意境，衬托出屈原孤苦无依、愁难自断的处境。颈联叙述屈原亡魂难以招复，勾勒出悲凉凝重的气氛。尾联着重于议论，情感由哀怨凄楚变为激昂高扬，突转骤变带来冲击。

全诗围绕“迷魂”为主题而展开，充满玄幻色彩，作者通过想象来描绘屈原亡魂的悲惨处境，匠心独运，别出心裁，不仅表达了对屈原蒙冤而逝的同情惋惜，作者心中的满腔哀怨也喷薄欲出。这首诗歌情感激烈跌宕，氛围深沉厚重，对正义的呼唤掷地有声，屈原的亘古悲凉和作者的悲戚伤恸熔于一炉，淋漓尽致地书写了一首荡气回肠的悲歌。

①楚厉：指屈原冤魂。②女萝：松萝，地表植物。③山鬼：楚国民间传说中的山中女神。
④腥臊：指水中鱼类。⑤三户：指楚人。⑥彩丝：指用彩丝包扎的粽子。

羡煞六国的琼楼玉宇——楚宫

楚宫是春秋战国时楚国君主居住的宫殿，建筑风格独树一帜，技术精湛先进，为世人艳羡，驰名于春秋战国时期，也流传于秦汉之时。楚康王时，鲁襄公朝访楚国，惊叹于楚国宫殿的华丽精美，归国后立即命人仿造。

重重叠叠的层台累榭建筑风格为楚人所崇尚，在屈赋和史料中常见，如楚台、兰台等。楚灵王建造的章华台更是当时闻名于世的大流，令各国诸侯羡慕。令人惊艳的楚宫高台建筑得益于楚人所掌握的夯筑和版筑技术，建筑高台前，在地上立两行木柱，在柱中放上木板，填土夯实，土干后撤去，就形成笔直的墙体，厚、宽、高皆可随意掌握，这些技术在楚国得到广泛使用。

墙体建造完成之后，楚人使用椒泥（掺有香椒的灰泥）抹刷墙壁，可以消除杂味，散发芬芳，《九歌·湘夫人》也记录了“播芳椒兮成堂”。抹平粉饰之后，楚人乐于在墙壁上作画，不仅色彩丰富多变，且题材广泛，画面壮阔，屈赋《天问》也是缘发于庙堂壁画。楚人还使用华丽的丝绸做成帷幔装饰墙体，在门窗上镂空透雕窗棂格纹，使室内更显绮丽高雅。高堂邃宇，椒墙壁画，丝绸帷幔，网户珠缀，壮丽精美的楚宫全然浮现于眼前。

牛李党争的牺牲品——李商隐

唐武宗时期，牛李党争激烈。李商隐不愿涉入党争，只想为国效力，但因岳父王茂元是李党，他也被划为李党一派。宣宗即位后，李党失势，牛党当权，李商隐因此受到牵连，蒙冤受屈，无奈随幕主郑亚去往桂州（今广西桂林）任掌事书记一职。到桂州以后，李商隐壮志未变，全心全意地协助郑亚干出一番事业，成为他的得力助手。

不久，隶属桂州管辖的昭州（今广西平乐县）暴动，官员贪赃枉法，剥削百姓，致使民不聊生，见百姓起义便弃职而逃，李商隐临危受命，被郑亚派往昭州赴任，担任代理长官，治理昭州。李商隐到达昭州以后，雷厉风行，励精图治，严厉打击腐败分子，大力整顿官员阶层，安抚百姓。在李商隐的治理下，昭州政治清明，经济蓬勃发展，有了很大的起色，李商隐也得到上司郑亚的好评和当地百姓的信任。

正当李商隐在昭州大刀阔斧地施展抱负，郑亚被贬为循州（今广西龙川县）刺史的消息传来。城门失火，殃及池鱼，郑亚尚且自身难保，李商隐也只能失业下岗，无奈痛别昭州，一路踉踉跄跄赶回长安。李商隐在北归途中，路过湘水，写下《楚宫》一诗悼念屈原，借屈原亡灵来抒发自己官场被排斥、人生不如意的幽愤之情。

屈原死后不容于世，（　　）是第一个为屈原写悼词的人，也是继屈原之后最杰出的辞赋家。

A. 唐勒　B. 景差　C. 宋玉

论史篇

李商隐，字义山，号玉溪生，晚唐诗人，与杜牧齐名，并称“小李杜”。

隋 宫

［唐］李商隐

紫泉宫殿①锁烟霞，欲取芜城②作帝家。
玉玺不缘归日角，锦帆③应是到天涯。
于今腐草无萤火，终古垂杨有暮鸦。
地下若逢陈后主，岂宜重问后庭花④。

“历览前贤国与家，成由勤俭破由奢。”

作者在任盐铁推官一职期间，经常出入金陵（今江苏南京）、扬州一带，在目睹南陈和隋宫遗址之后，感发而作。这首诗描写了荒淫无度的隋炀帝为了到芜城寻欢作乐，而劳民伤财大力开凿运河的事情，作者极具讽刺之能事，对隋炀帝醉生梦死、自取灭亡的行为进行了无情的批判。

首联点题，对比描写了隋宫和芜城两处地方，一处闲置锁烟霞，一处欲取作帝家，使用夸张手法从侧面嘲讽了隋炀帝弃用隋宫、出游享乐、不理朝政的荒唐行径。颔联叙述了隋炀帝劳民伤财，大力开凿运河的事情，颈联对仗齐整，巧用典故，隐含隋炀帝捕萤为火、聚众夜游之事。腐草垂杨、萤火暮鸦营造凄冷荒凉的氛围，进一步暗讽隋炀帝荒诞昏聩的行为。尾联设想了隋炀帝和陈后主地下相逢的情景，实则指责隋炀帝奢侈昏庸，自寻死路，与陈后主一样成为亡国之君。

这是一首讽古喻今的咏史诗，讽刺批评了隋炀帝奢侈暴虐、荒废朝政致使隋朝一步步走向灭亡的行为，借用隋炀帝骄奢淫逸的暴君形象来告诫鞭挞当朝统治者。此诗内容灵活含蓄，笔锋尖刻辛辣，语言流利妥帖，感慨含蓄淋漓。清代沈德潜在《唐诗别裁》中评价此诗“言天命若不归唐，游幸岂止江都而已！用笔灵活，后人只铺叙故事，所以板滞也”。

①紫泉宫殿：借指长安。②芜城：今江苏江都县。
③锦帆：指隋炀帝的龙舟。④后庭花：《玉树后庭花》曲，陈后主所作。

陈后主和隋炀帝的亡国合唱

南朝陈国君主陈叔宝，生活奢侈无度，不理朝政，每日在宫中后庭设宴，与宠妃饮酒作乐。陈后主作《玉树后庭花》一曲，选用宫女千人练习，轮番歌唱。对于隋文帝杨坚随时准备攻占江南，陈后主不闻不问，依旧过着纸醉金迷的日子。隋朝开皇八年，此时还是晋王的隋炀帝杨广奉父亲隋文帝之命带兵攻打陈国，生擒俘虏了陈后主和他的宠妃，还斥责了陈后主穷奢极欲的罪行。

讽刺的是，杨广即位以后，为了能够从北方乘船直达扬州游玩，下令征用百万余名百姓开挖运河。修建好后，隋炀帝三下扬州。在扬州的某一天夜晚隋炀帝在梦中和陈后主相遇，陈后主对隋炀帝说："殿下乘龙舟南下，一路游玩，原以为殿下会励精图治，可现在看来，你比我更甚，早知如此，当初你又何必指责我呢？"隋炀帝大怒道："为何唤我殿下，你怎敢用过去的事来质问我！"梦醒之后，毫无悔改。

大业十二年，隋炀帝最后一次南下，此时，全国农民起义的熊熊烈火将他困在扬州，两年后他被部下缢死。陈后主和隋炀帝皆因贪图享乐、荒淫无度而成为亡国之君，隋炀帝斥责陈后主却并未以此为戒，唐朝诗人李商隐也感叹"地下若逢陈后主，岂宜重问后庭花"。

在党争夹缝中生存的诗人——李商隐

李商隐一生坎坷，晚年追随柳仲郢。柳仲郢原是牛党人士，不得重用，后被李德裕提拔为京兆尹，于是被划入李党。宣宗时，李德裕被罢相贬死，牛党霸权当道，清洗朝中李党人士。大中五年，柳仲郢出任梓州（今四川三台县）刺史、东川节度使，聘用同病相怜的李商隐，李商隐便跟随他去了梓州。

几年后，柳仲郢调赴京职，任兵部侍郎充盐铁转运使，也为随他返京的李商隐奏请盐铁推官一职，是个官阶不高的闲散要职。唐朝时，盐铁专买专卖，是国家财政经济支柱，对私自买卖者处罚极重，而扬州是名满天下的盐铁、漕运大都市，因此，李商隐任盐铁推官一职后，就要动身离京，前往金陵、扬州一带巡查。

李商隐在游历江浙一带之时，写下不少咏古寄怀的诗歌。李商隐在扬州游历了隋宫遗迹，作下《隋宫》讽刺隋炀帝的残暴荒谬，警示统治者应吸取隋朝灭亡的历史教训。到达金陵后，李商隐以《南朝》感叹三百年间宋、齐、梁、陈的朝代更替、战祸衰亡。大中十二年（858年），柳仲郢转任刑部尚书，李商隐随即罢职，举家迁回郑州。年底，年仅四十六岁的李商隐带着夙愿难遂的遗恨凄凉离世。

隋炀帝杨广骄奢放逸、残暴无能，明清思想家（　　）评价"隋之得天下也逆，而杨广之逆弥甚"。

A. 顾炎武　　B. 王夫之　　C. 黄宗羲

陶渊明，名潜，字元亮，世称“靖节先生”，东晋文学家、诗人。

咏荆轲

［东晋］陶渊明

燕丹①善养士，志在报强嬴②。招集百夫良，岁暮得荆卿。
君子死知己，提剑出燕京；素骥③鸣广陌，慷慨送我行。
雄发指危冠，猛气冲长缨。饮饯易水上，四座列群英。
渐离击悲筑，宋意④唱高声。萧萧哀风逝，淡淡寒波生。
商音更流涕，羽奏壮士惊。心知去不归，且有后世名。
登车何时顾，飞盖入秦庭。凌厉越万里，逶迤过千城。
图穷事自至，豪主正怔营。惜哉剑术疏，奇功遂不成。
其人虽已没，千载有馀情。

“此去无归路，唯有身后名。”

这首诗从燕国太子丹收养门客开始，解释太子丹收养门客是因为有志于向强大的秦国报仇。他在这些门客和招募的壮士中仔细甄选合适的人才，最终选中了荆轲。自古君子愿为知己者死，荆轲豪情万丈，恨不得拿剑就冲出燕国京都为太子丹报仇。

荆轲出发之前，白色的骏马在道路上嘶鸣，送别的壮士唱起慷慨之歌。荆轲的怒发撑起了高高的帽子，豪迈之气冲击着系帽的长丝带。众多英雄豪杰在易水边上摆下酒宴，为荆轲饯行。高渐离在筑乐上奏起了悲壮之曲，宋意高唱鼓舞之声。岸上哀风萧瑟，江面寒波袅袅，“商”音凄凉，“羽”音激昂，此去本是不归路，终究只留身后名。

荆轲登车而去不曾回头，车马奔驰直奔秦国宫殿。行程万里，城池百千。一朝得见秦王，他假意献图，图穷匕见，秦王被吓得心惊胆战。可惜荆轲剑术不佳，奇功伟绩不得成功，事败身死，让人唏嘘。荆轲虽然已经死了，但是他的精神永远激励着万千后人。

①燕丹：战国时燕王喜的太子，名丹。②强嬴：秦国。
③素骥：白色的马。④宋意：燕国的勇士。

“宫商角徵羽”是什么

早在距今两千六百多年前的春秋时期，《管子·地员篇》中便记载了古人采用数学运算方法获得的“五声音阶”——宫商角徵羽。这种数学运算方法或者说律学理论称为“三分损益法”，就是把“宫”作为基本音，之后经过几次“三分损益”，就产生了其他音阶。

我国古代的基本音阶“宫、商、角（jué）、徵（zhǐ）、羽”，相对应现代简谱中的1（do）、2（re）、3（mi）、5（sol）、6（la）。音阶对应有音调，在《战国策·燕策》中：“高渐离击筑，荆轲和而歌，为变徵之声，士皆垂泪涕泣。又前而为歌曰：‘风萧萧兮易水寒，壮士一去兮不复还！’复为慷慨羽声，士皆瞠目，发尽上指冠。”里面的“变徵”相当于现代西洋乐的F调，声调悲凉，而“羽声”相当于现代西洋乐中的A调，比变徵音高，能表现激愤或高昂的情绪。

中国古代四大刺客：一诺从来许杀身

除了荆轲之外，中国古代还有三个著名的刺客：专诸、聂政和豫让。专诸是吴国的一名屠夫，孝母惧妻，在伍子胥的推荐下，成为吴国公子姬刺杀吴王僚的刺客。公子姬厚待专诸，尊奉其母，专诸感其恩，最后以“鱼腹藏剑”之计，成功刺杀吴王僚，但自己也被乱剑刺死。

聂政因杀人携母亲和姐姐避仇于齐国，以屠狗为生。韩国严仲子被宰相侠累迫害，流亡他乡，想寻找一名刺客为其报仇。后来找到了聂政，严仲子多次登门拜访，并以厚礼相赠其母，聂政感其知遇之恩，在母亲去世之后，安顿好姐姐，便只身前去刺杀宰相侠累，刺杀成功后，他为了不连累其姐和严仲子，用剑尖划破脸颊，挖出双眼，让人看不清他的面容，之后破腹自杀而死。

豫让是春秋战国时期晋国人，是晋国智伯的家臣，智伯对豫让十分重用。后来，智伯在和赵襄子的战争中被赵襄子和韩、魏合谋所杀，豫让便想替他报仇。在第一次行刺失败后，豫让不惜漆身吞炭，改变自己的容貌和声音，再次行刺，但还是被赵襄子发现，最后豫让要求赵襄子脱下衣裳放在地上，让自己击刺几下。赵襄子同意了，豫让对着衣服刺了几下之后，表示自己能够有颜面去见智伯了，便自杀而亡。

陶渊明“不为五斗米折腰”的故事发生在他担任什么官职的时候？（　　）
A. 任州祭酒　B. 彭泽县令　C. 江州司马

左思，字泰冲，一说太冲，齐国临淄人，西晋著名文学家、诗人。

咏　史

［西晋］左　思

郁郁涧底松，离离山上苗。
以彼径寸茎，荫此百尺条。
世胄[①]蹑[②]高位，英俊沉下僚[③]。
地势使之然，由来非一朝。
金[④]张藉旧业，七叶珥汉貂。
冯公岂不伟，白首不见招。

解读赏析
JIEDU SHANGXI

“在这个时代，鲤鱼跃龙门只是个传说。”

这是左思八首咏史诗中的第二首。起句用“郁郁”表示生在涧底的松树茂密苍翠，比喻才高位卑的寒门子弟，在不公的选官制度下，他们永远只能屈居人下；而“离离”说的是山顶的小草随风飘动十分柔弱，比喻无才无能的富家子弟，他们依靠父兄荫庇，取得高位。第二句接着说，山上苗的茎有手指粗细，足以遮蔽百尺的松树，这是地势不同所导致的。

第三句诗人直接表明，世家子弟、贵族后裔登上高位，而有才之士却只能担任小官。这是所处的地位不同而导致的，这样的情况由来已久，不是一朝一夕。西汉大臣金日磾和张汤的后裔依靠他们的荫庇，子孙七代都做了大官。而冯唐能力超群，是奇伟之才，却只因为出身卑微，直到白发也不被重用。诗人根据自己的身世，对这个不公的选才制度加以批判和讽刺，从而表达了自己的悲愤之情。

①胄：长子。世胄：世家子弟。②蹑（niè）：履、登。③下僚：下级官员，即属员。沉下僚：沉没于下级的官职。④金：指汉金日（mì）磾（dī），他家自汉武帝到汉平帝，七代为内侍。

洛阳纸贵

左思是西晋时著名的诗人，才华不凡，勤学不止。经过十年的努力，他终于写就了不朽的名作《三都赋》，这部巨著辞藻华丽，意境壮阔，再加上当时名人张华、皇甫谧等人的推荐，一时间，名闻天下，传抄者无数。洛阳的富贵人家也以传抄此书为荣，导致洛阳的白纸供不应求，因此“洛阳纸贵”。后人也用这个成语来比喻作品写得好，为世所重，风行一时，流传甚广。

九品中正制

九品中正制是魏晋南北朝时期重要的选官制度，又称为“九品官人制”。这个制度在创立之初是以家世、道德和才能作为评议标准的，三者并重。但是由于魏晋时充当中正的一般是二品，这些人大部分是门阀世家，同时他们又有参与中正推举的权利，所以渐渐地，门阀世族就完全把握了官吏选拔之权，导致“上品无寒门，下品无士族”的情形。

“冯公”是谁

王勃曾经在闻名天下的《滕王阁序》里提及“冯唐易老，李广难封”的典故，里面的冯唐就是诗中的“冯公”。

冯唐是汉文帝时期的人，他因为孝行而闻名，拜为中郎署。他为人耿直无私，敢于进谏，不徇私情，甚至面对皇帝也是直言不讳。有一次，皇帝问冯唐是否听过赵国将领李齐的英雄事迹，冯唐表示，作为将领，李齐比不上廉颇和李牧，因为冯唐的父亲曾经与李牧和李齐都交好，因此了解他们的为人。汉文帝当即叹息自己不能够得到廉颇、李牧这样的良将，结果冯唐直言，即使汉文帝得到这样的良将也不会重用，把汉文帝气得拂袖而去。

正因为冯唐性格耿直，不懂变通，所以仕途并不顺利。汉文帝之后，汉景帝即位，冯唐宦海起伏，身历三朝，却始终郁郁不得志，处处受到排挤，直到头发花白，年事已高，也没有得到重用，只是个郎官。等到汉景帝去世后，汉武帝即位，匈奴又来侵犯边境，汉武帝广征贤良，有人推举冯唐，可是冯唐已经九十多岁了，他心有余而力不足，再也不能出来为国效力了。

汉景帝即位后，任命冯唐为哪国的丞相？（　　）

A. 楚国　B. 齐国　C. 赵国

龚自珍，字璱人，号定庵，清代诗人。

咏　史

［清］龚自珍

金粉①东南十五州②，万重恩怨属名流。
牢盆③狎客操全算，团扇才人④踞上游。
避席畏闻文字狱，著书都为稻粱谋。
田横⑤五百人安在，难道归来尽列侯？

“我劝天公重抖擞，不拘一格降人才。”

清道光五年（1825年），作者正因丧母离官寓居于江苏昆山，他目睹东南江浙富庶之地，作此七律来揭露清朝政治腐朽黑暗的局面，讽刺上层人物趋炎附势、醉心功名与声色的丑态，描写了知识分子明哲保身的典型心理，赞扬了田横及五百壮士不屈不挠的斗争精神。

首联以名流聚集的繁华东南之地入诗，取材于现实生活，高度概括和陈述了当时社会上所存在的普遍现象。颔联承接上联，对清朝官场名流做了更加详细的描绘和锐利的抨击，无情地揭露了当时政治官场上的内幕。颈联触及了当时最敏感的“文字狱”问题，“避席”二字形象地描写出当朝文士们的惶恐情态，作者字里行间充满激愤之情。尾联运用田横与五百壮士抗汉持节的典故来赞扬他们不甘屈服的可贵精神，以此影射与批判不顾国家安危，只顾个人温饱的封建阶层。

这首诗歌语言凝练，含蓄委婉，将清朝官场的腐烂现象熔铸于诗句中加以讽喻，借田横及五百壮士不甘屈服的气节精神，有力而深刻地警策劝告了当朝文人学子不要拼命钻研功名利禄，不要被统治阶级的利益欺骗，不要被高压政策压倒，寓意深刻，耐人寻味。

①金粉：古时女子化妆用的铅粉。②东南十五州：泛指江浙一带。③牢盆：煮盐器具，代指权贵官僚。
④团扇才人：指阿谀奉承的奸佞小人。⑤田横：秦末齐国贵族，后自立为齐王。

临危受命成齐王，抗汉不屈赴黄泉

秦朝末年，原是齐国贵族的田横、田儋、田荣三兄弟在狄县（今山东高青县）起兵，田儋自立为齐王，后被秦将所杀，田荣也死于楚军手下。后田横立田荣的儿子田广为齐王，自己担任齐相。齐国在田横的治理下日益昌盛，兵强地广。汉王刘邦认为齐国强大是个隐患，便派谋士郦食其前去齐国游说，希望汉齐联盟共同攻打楚军。在齐国放松警惕之时，刘邦派韩信偷袭齐国，齐都临淄城破，齐王田广也被俘虏杀死。田横临危受命被齐军推举为齐王，率齐军收复失地，但因汉齐力量悬殊，田横只能带门下五百人退居海岛。

刘邦称帝后两次派特使去海岛召田横去洛阳，田横不愿。后一次刘邦告诉田横，若去洛阳则封其王侯，若是不从则派兵灭岛。田横深知刘邦的为人，为了不生灵涂炭，他说服大家留在海岛，带着两位门客便启程前往洛阳。在离洛阳三十里的尸乡（今河南偃师），田横悲愤拔剑自刎。两位门客将田横的头颅送往洛阳，刘邦以王礼规格安葬了他后，派特使前往海岛令五百部属归降，五百部属惊悉噩耗之后为田横哀唱《薤露》后皆自杀身亡。当地人为五百义士的壮举感动，将其遗体合葬于海岛，这座海岛也有了“田横岛”之名。

因字迹不佳而仕途坎坷的文人——龚自珍

龚自珍出身于杭州累世望族，祖辈曾在军机处任职，父亲龚丽正也曾担任江苏按察使，母亲段驯是著名学者段玉裁之女。家人为官显赫，文学修养很高，龚自珍自小深受熏陶，精通经史子集的外祖更是对他严格教导，告诫龚自珍要“努力为名臣，为名儒，勿愿为名士”。龚自珍也没有辜负家人的期望，在当时负有诗名，段玉裁也称赞他“有不可一世之慨”。

虽以诗文闻名，但龚自珍在仕途上并不顺利，前后五次参加会试，都不幸落榜。道光三年（1823年），叔父龚守正担任主考官，龚自珍按例回避，不能参加，会试结束之后他去拜访叔父，片刻之后又有门生拜访，龚自珍只好回避，但他听见了叔父与门生的对话。叔父夸奖这位门生在字迹上所下的苦功夫，并说朝考首要是字体端正，若书法一流，功名则如囊中之物。

叔父的这番话却刺激到了字迹不好屡试未中的龚自珍，叔侄俩也因此闹翻了脸，龚自珍抑郁不平地回家了。三十八岁，龚自珍终于高中，他原本希望能够进入翰林院任职，但因书法“不合楷法”未如愿，龚自珍也拒绝去地方任职，因此他担任了内阁中书、宗人府主事等近十年的闲职，始终未受重用。

《薤露》是田横门客为他所作的一首挽歌，直至哪位西汉乐师将其分为两曲《薤露》《蒿里》？（　　）

A. 李龟年　B. 李广利　C. 李延年

江淹，字文通，南朝政治家、文学家，历仕宋、齐、梁三朝。

铜爵妓

［南北朝］江　淹

武皇去金阁，英威长寂寞。
雄剑顿无光，杂佩①亦销烁②。
秋至明月圆，风伤白露落。
清夜何湛湛，孤烛映兰幕。
抚影怆无从③，惟怀④忧不薄。
瑶色行应罢，红芳几为乐？
徒登歌舞台，终成蝼蚁郭⑤！

“江郎才未尽，笔下故生风。”

江郎有才，才未尽，故笔下有风，悲壮之风。此诗写的是铜雀歌妓的悲凉命运。

开篇四句“武皇去金阁，英威长寂寞。雄剑顿无光，杂佩亦销烁”，写魏武帝曹操的身后寂寞。“武皇”即指曹操，“金阁”指铜爵（雀）台，昔日盛景，歌舞升平，群英会聚，今日人去楼空，只是一片凄凉寂寞。物是人非事事休。

紧接着四句“秋至明月圆，风伤白露落。清夜何湛湛，孤烛映兰幕”，写的是月圆之时，正是曹操要求歌妓舞乐之时。风露凄凄，清夜湛湛，孤独摇曳的烛光，将歌妓们的身影分明地投于兰幕之上。青春韶华的少女们，被幽禁于荒台孤馆，对着空床虚帐，歌舞作乐。何等荒唐，又何等孤苦！悲剧色彩愈显浓重。

此后四句“抚影怆无从，惟怀忧不薄。瑶色行应罢，红芳几为乐？”韶华歌女，顾影自怜，悲从中来，无所适从，但觉心中的忧思绵绵不绝，难以消解。“瑶色”两句互文见义，感叹真挚，渲染强烈。

最后两句，直抒胸臆，情感炙烈。一个“徒”字，蕴含无穷的悲思与怨愤。登台歌舞，遥望西陵，对铜雀歌妓和死去的武皇来说，又有什么意义呢？而曹操却要作威作福于死后，让歌女为他的一抔黄土歌舞作乐。此时，诗人同情歌妓与批判帝王两种情感喷涌而出。全诗读来，虽有绮丽的辞藻，却难掩悲壮之气。

①杂佩：总称连缀在一起的各种佩玉。②销烁（xiāo shuò）：熔化；毁灭；销熔。③无从：无所适从。④惟怀：惟思怀念。惟，思考，思念。⑤蝼蚁郭：蝼蚁的城郭。亦即“蚁垤”，蝼蚁之穴，其外壅土如城郭，故云。

美人如玉

本诗“瑶色行应罢，红芳几为乐”中的“瑶色”“红芳”均是指红颜。在中国古代诗歌中，往往采用借代手法代指美女，避免了词语的直露和重复，也增强了语言的形象性、新奇性、凝练性，使得诗歌更有意境。

关于红颜，常见的借代手法有：

一、以女性饰品代指美女。如“红袖”“红裙”“金钗”“红粉”“粉黛”“红颜”“红妆”等。

二、以玉代指美女。如“玉颜”“玉人”“玉奴”“玉儿”“玉姝”“玉容”“红玉”等。

三、以蛾代指美女。“蛾”“娥”通用，本义指蚕蛾，用来形容女子的眉毛，后来成为美貌女子的代称。以“蛾”作比的有“蛾眉”“娇娥”“翠娥”“青蛾”“黛蛾”“双蛾”等。

铜爵妓为谁而泣

关于曹操的评价，历来争论颇多。但不可否认的是，曹操一生，逐鹿中原，饮马江汉，横槊赋诗，文韬武略，配得上“枭雄”二字。但是大家可能忽略一点，曹操临终之时，却恋恋于生时荣华富贵，故在《遗令》中一再叮嘱：“吾婕妤妓人，皆著铜爵台，于台堂上，施八尺床繐帐，朝晡上脯糒之属。月朝十五，辄向帐作妓。汝等时时登铜爵台，望吾西陵墓田。”

让生人每月十五对着死人空去的床帐歌舞作乐，不可谓不荒唐。曹操这种自私、荒淫的想法令人感叹。这些歌女的悲剧性命运也因此牵动了不少文人墨客的恻隐之心，纷纷形诸篇咏，《铜爵妓》由此而来。

本诗中“英威长寂寞”的“寂寞”是指？ （ ）

A. 寂静无声 B. 孤独 C. 去世，与世长辞

刘禹锡，字梦得，唐朝文学家、哲学家，有“诗豪”之称。

咏史

［唐］刘禹锡

骠骑①非无势，少卿②终不去。
世道剧颓波，我心如砥柱③。

解读赏析

JIEDU SHANGXI

“永远年轻，永远热泪盈眶。”

有些经典诗篇，很短，很直接，但读来很燃。刘禹锡的这首咏史诗便是如此。

开篇叙事，“骠骑非无势，少卿终不去”。简简单单的两句，字里行间透露着对少卿不趋奉权贵、保持自我的可贵精神的赞赏。诗人在这里巧妙运用了对举手法。写霍去病，不写名称写“骠骑”，更显霍去病官位显赫。“非”“无”双重否定，即更加肯定，进一步突显霍去病的权势很大。常人之理，世俗之人纷纷仰仗官威，登门拜访，投靠门下，但任安始终没有去。诗人写任安，称其字而不呼其名，既有亲切之感，又有敬重之意。两者对比，生疏立现。

任安与诗人并非同时代之人，诗人饱含真挚的情感写他，既是一种仰慕，也是一种情感的投射——任安身上有他的影子。

“世道剧颓波，我心如砥柱。”这两句是议论抒情，是诗人的感慨之言。如果说前两句是怀古，那么这两句就是回归现实了。诗人联系现实，面对自己的亲身经历，官场的尔虞我诈、落井下石，感慨万千。也正因如此，诗人把任安视为知己，用他的气节鼓舞和激励自己，更是表白自己的内心：永不妥协，永不低头！

①骠骑：古代用于将军的名号，《史记·卫将军骠骑列传》：“元狩二年春，以冠军侯去病为骠骑将军。”
②少卿：指任安。③砥柱：山名，位于河南三门峡以东黄河急流中，形象像柱。亦作“砥砫”。

知己相惜，奈何奈何

任安，字少卿，在卫青的荐举下当了郎中，后迁为益州刺史。因戾太子的“巫蛊之祸”，而被汉武帝认为他“坐观成败”“怀诈，有不忠之心”，论罪腰斩，而后入狱。在其入狱前，任安曾给司马迁写信，希望他“尽推贤进士之义”。

任安确实是无辜人士，他希望司马迁能设法援救他，但司马迁也是左右为难。司马迁了解汉武帝，一方面，司马迁不愿再遭到第二个“李陵之祸”；另一方面，司马迁也知道，汉武帝一心要为太子报仇，任安的死判，绝无平反的可能，他确实难以营救。但从情感上，任安是他的老朋友，他欣赏任安的为人，他自己也备受折磨。于是，司马迁把自己见死不救的苦衷，向老朋友说明，并请求他原谅。这封信，就是著名的《报任安书》。

在《报任安书》中，太史公向任安解释了自己为何不能按照任安的请求去做，为什么要为李陵辩护而触怒汉武帝，为什么自甘受辱，愿意接受宫刑，以及在宫刑以后是什么信念支撑他顽强活下去的。字字珠玑，字字泣血，感人肺腑。

“撞了南墙也不回头”的刘禹锡

从仕途上来看，刘禹锡不能算是成功的。一波三折，连续遭贬，这是不争的事实。但是从人格上来说，刘禹锡相当硬气。安能摧眉折腰事权贵，使我不得开心颜!

公元805年，刘禹锡正是人生得意之时，他与王伾、王叔文、韦执谊等人在新即位的顺宗李诵支持下进行政治革新，实施一系列具有进步倾向的政治措施。但改革触及大批权贵的利益。改革派遭到反扑，五个月后，“永贞革新”宣告失败，刘禹锡被贬为朗州司马。

公元815年，刘禹锡被召回长安。此时的他看到一批趋炎附势之徒，一怒之下，提笔写下《元和十年自朗州至京戏赠看花诸君子》的讽刺诗。岂料再次触怒权贵，于是刘禹锡再度遭贬，贬连州刺史。公元826年，再度被召回，但是“不知悔改”的刘禹锡，不畏强权，又挥笔写下《再游玄都观》，宣称“前度刘郎今又来”!

不撞南墙心不死，撞了南墙还非要把南墙撞破，这种“中二”的秉性，也是十分可爱了。

刘禹锡也是著名的哲学家，以下他的哪部著作具有唯物主义思想？（　　）

A.《天论》　B.《刘梦得文集》　C.《陋室铭》

李白，字太白，号青莲居士，又号“谪仙人”，唐代伟大的浪漫主义诗人，被誉为“诗仙”。

登广武[1]古战场怀古

［唐］李　白

秦鹿奔野草，逐之若飞蓬。项王气盖世，紫电明双瞳[2]。
呼吸八千人，横行起江东。赤精[3]斩白帝，叱咤入关中。
两龙不并跃，五纬[4]与天同。楚灭无英图，汉兴有成功。
按剑清八极，归酣歌大风。伊昔临广武，连兵决雌雄。
分我一杯羹，太皇乃汝翁。战争有古迹，壁垒颓层穹。
猛虎啸洞壑，饥鹰鸣秋空。翔云列晓阵，杀气赫长虹。
拨乱属豪圣，俗儒安可通。沉湎呼竖子，狂言非至公。
抚掌黄河曲，嗤嗤阮嗣宗。

“洞察历史，超逸洒脱。”

李白诗仙，清丽脱俗，不落窠臼。这首咏史诗写的是李白对着楚汉相争的古战场，点评项羽刘邦的成败是非。李白不受儒家传统观点的束缚，能用客观、辩证的眼光从天意、智力、功业等方面去评判二人，从历史的轨迹进行点评，而不以成败论英雄，这种辩证的思维使得全诗显得透彻、别具一格，可以说，李白具有超时代的历史观。

全诗篇幅较长，典故较多，笔者且直译供阅读参考。

秦后帝王之位有如梅花鹿奔走于荒野，天下豪杰趋之若鹜奋力追逐。楚王项羽力拔山兮气盖世，目有双瞳炯炯有神，指挥八千人自江东而起，横行天下。汉高祖刘邦酒夜斩白帝子，风云叱咤进入关中之地。然而双龙不能并跃，天上的五行星象也是如此预示。楚王被灭，难展宏图，汉帝兴盛成就霸王之业，手提宝剑平定四方，返乡纵酒击筑高唱大风歌。

昔日项羽刘邦集结于广武一决雌雄，项羽你若要烹我刘邦的太公，也请分一碗汤给我，我父亲也是你父亲（用典）。如今楚汉交战已过，只留遗迹。当年汉高祖如猛虎号啸于洞壑，如饥饿的雄鹰鸣叫于秋日高空的气势犹在。在我看来，汉高祖平定祸乱就是大圣人行为，浅骊而迂腐的儒士哪里堪此大任？阮籍酒后高呼刘邦是竖子，这种狂放偏激之言并不公允。我作为历史的旁观者，只能拊掌而笑了。

①广武：古城名。即楚汉战场。②双瞳：传说项羽眼珠有两个瞳孔。
③赤精：刘邦感赤龙而生。《汉书》：“待诏夏贺良等言赤精子之谶。”④五纬：即金木水火土五行星。

逐鹿中原

逐鹿之争的典故始于《史记 · 淮阴侯列传》，该篇记载：“秦失其鹿，天下共逐之，于是高材疾足者先得焉。” 张晏曰：“以鹿喻帝位也。”帝王之位犹如梅花鹿，秦丢失后，谁能逐得？谁腿长谁跑得快，谁就能占据优势，先得到。后世便以“逐鹿”喻争夺统治权。

“秦鹿奔野草，逐之若飞蓬”这句诗便是化用这个典故。

后来“逐鹿”也有比喻追逐名利富贵之意。例如，王西彦在《静水里的鱼》中写到：“‘一个在利禄场中逐鹿惯了的人，’他自顾自地继续着，‘哪里能够了解另一个隐迹山林的人的心境呢？’”

骓不逝兮可奈何，虞兮虞兮奈若何

霸王别姬称得上是最经典也是最浪漫的文学桥段之一了。

《史记 · 项羽本纪》里，楚霸王项羽兵败之夜，四面楚歌，自知大势已去，陷入悲痛情绪不能自已。项羽让自己的爱骑乌骓走，跟随项羽多年的名驹乌骓仿佛通人性一般，不肯走。项羽豪饮下肚，慷慨悲歌：“咳！想俺项羽呼！力拔山兮气盖世，时不利兮骓不逝，骓不逝兮可奈何，虞兮虞兮奈若何。”虞姬看着心爱的男人此刻如此悲痛。此时的项羽只能靠突围获救，虞姬不愿拖累项羽，手持宝剑，边舞边歌：“劝君王饮酒听虞歌，解君忧闷舞婆娑，嬴秦无道把江山破，英雄四路起干戈。自古常言不欺我，成败兴亡一刹那，宽心饮酒宝帐坐！”歌罢拔剑自刎。

项羽含泪跨上乌骓，带着八百子弟兵突围而出。西楚霸王的故事，也随着夜幕画上了句号。

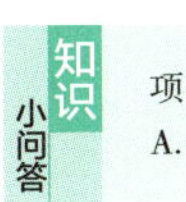

项羽是江东人士吗？（　　）

A. 是　B. 不是

高适，字达夫，一字仲武，谥号忠，唐代著名边塞诗人。

登百丈峰[①]二首

［唐］高 适

朝登百丈峰，遥望燕支[②]道。
汉垒青冥间，胡天白如扫。
忆昔霍将军，连年此征讨。
匈奴终不灭，寒山徒草草[③]。
唯见鸿雁飞，令人伤怀抱。

“战争难消，寒山草草。”

高适善写边塞诗，这首边塞咏史之作，意境开阔豪迈，气象万千。全诗描写了诗人登高所见，联想到当年霍去病伏击匈奴的往事，以及战争对边塞的意义。

首句“朝登百丈峰，遥望燕支道”。诗人登百丈峰，却不写百丈峰之景，而是遥望燕支山。在这里，燕支山是有特定含义的。燕支山作为匈奴神山，匈奴曾长期占据，后被霍去病收复。在这里，诗人是登高怀思，心情复杂。

第二句“汉垒青冥间，胡天白如扫”。诗人感慨当年汉军营垒犹在，但气势不再，如今匈奴卷土重来，猖獗依旧。

第三句“忆昔霍将军，连年此征讨”。诗人回想当年骠骑将军霍去病征伐匈奴，战功赫赫，然而“匈奴终不灭，寒山徒草草”。尽管连年征战，匈奴却难以消灭，只有这高寒的山脉看着历史战争，纷纷扰扰，变化万千。这里隐含着诗人本意：多少征战，不过是徒耗国力而已。

最后一句“唯见鸿雁飞，令人伤怀抱”点明中心，面对自然界的从容与亘古不变，诗人更加慨叹伤感，那些历史、那些征战、那些牺牲不过都是云烟罢了，徒让人伤心。

这首诗里隐藏着诗人朴素的反战观点，作为边塞诗人，高适把战争对边塞的影响、对两族人民的影响看得清清楚楚，内心对连年征战也是有些许迟疑和彷徨的，只能借助诗歌，表达心情。

①百丈峰：山名，在今甘肃武威。②燕支：山名，亦名焉支山，古时在匈奴境内，位于今甘肃山丹东。
③草草：骚扰不安的样子。《魏书·外戚传上·贺泥》：“太祖崩，京师草草。”

鸿雁传书

鸿雁，大家都非常熟悉的意象，鸿雁是大型候鸟，每年秋季南迁，常常引起游子思乡怀亲之情和羁旅伤感。鸿雁也用来指代书信，类似现今的“邮递员”。

与其相关的鸿雁传书又名飞鸽传书，是一个汉语成语，在古代是一种通信方式。传说汉高祖刘邦被楚霸王项羽所围时，就是以信鸽传书，引来援兵脱险的。张骞、班超出使西域，也用鸽子与皇家传送信息。最出名的传说，就是牧羊的苏武用大雁传信，告知皇帝自己并没有死也没有叛变，只是受困于此。匈奴没了借口，就只能放苏武回家了。

燕支山往事

古往今来，遥远美丽而又神奇的燕支山给读者留下了不少念想。

燕支山的由来，有两种说法，一种是说“燕支”是匈奴语的音译，所以还有“焉支山、焉脂山、胭脂山”等叫法。另一种说法是，燕支山原名胭脂山，盛产胭脂草，能做染料。《五代诗话·稗史汇编》：“北方有焉支山，上多红蓝草，北人取其花朵染绯，取其英鲜者作胭脂。”匈奴女子就常采此草做染料。

当年霍去病大破匈奴，攻下燕支山后，匈奴败退出河西走廊，另觅家园。匈奴族人走在退逃的路上，远眺云黛蓝松翠雪白的燕支山，无不痛哭流涕，捶胸顿足。于是悲歌一曲，“亡我祁连山，使我六畜不蕃息；失我燕支山，使我妇女无颜色”。

这首歌悲凉哀婉的曲调闻者恻然，传唱度极广，后来被翻译成汉语流传至今。也正是这首悲歌，使得燕支山名垂青史，成为一个独具特色的文化符号。不少诗人也在诗篇中赋予燕支山更多的文化意义。

例如李白的《相和歌辞·王昭君二首》中“汉月还从东海出，明妃西嫁无来日。燕支长寒雪作花，蛾眉憔悴没胡沙”；《塞上曲》中“燕支落汉家，妇女无花色”；《秋思》中“燕支黄叶落，妾望白登台”。又如杜审言的《赠苏绾书记》中“红粉楼中应计日，燕支山下莫经年”，等等。

“汉垒青冥间，胡天白如扫”中的“汉垒”是指？（　　）

A. 汉朝的壁　B. 汉地的土垒　C. 汉军营垒

杨慎，字用修，初号月溪、升庵，明朝著名文学家，明代三才子之首。

临江仙·滚滚长江东逝水

［明］杨　慎

滚滚长江东逝水，浪花淘尽英雄。
是非成败转头空。
青山依旧在，几度夕阳红。
白发渔樵江渚①上，惯看秋月春风②。
一壶浊酒③喜相逢。
古今多少事，都付笑谈中。

“是非成败于人生而言，只不过都是笑谈罢了。”

这首词作为《三国演义》的开篇词，流传度极高，它借叙述历史兴亡抒发人生感慨，意蕴深沉，气势恢宏，况味无穷。

开篇“滚滚长江东逝水，浪花淘尽英雄”化用了苏轼的“大江东去，浪淘尽，千古风流人物”，用滔滔江水比喻历史进程，那些英雄和丰功伟绩，也将如江水东逝，一去不复返。言语之间就有一种历史兴衰之感，人生沉浮之慨。

“是非成败转头空”，短短几个字，通透又孤独，有一种悲壮美，又有一种功成名就后的失落、孤独感，同时隐含着一种淡泊与轻视。

“青山依旧在，几度夕阳红”这两句，有颜色的对比，也有静态与动态的对比，也正是在这对比中，“古今多少事”渐渐流逝而去。在这里，不只是物是人非之感，更有一种沧海桑田之悲凉与豁达。

下阕紧承上阕。既然“是非成败转头空”，不如寄情山水，托趣渔樵，把酒言欢之间，与秋月春风为伴，悠然自得。而那些历史往事，那些是是非非，于人生的长河，不过是“都付笑谈中”罢了。这是一种看破般的顿悟，与杨慎自己的人生经历有关，也与他的心态有关。他看得清，放得下，站得出来，这是难得糊涂，又是难得通透。

全诗读来，荡气回肠。杨慎大笔挥墨，切入历史的洪流，说尽了历代兴亡，寄托了人生感慨。他是以词写历史论，以词写人生论！

①渚（zhǔ）：原意为水中的小块陆地，此处意为江岸边。
②秋月春风：指良辰美景，也指美好的岁月。③浊酒：用糯米、黄米等酿制的酒，较混浊。

明代三才子

明代才人辈出，被称为明代三才子的却是杨慎、解缙及徐渭。杨慎位于三才子之首，以博学著称。

解缙，字大绅，又字缙绅，号春雨。解缙被称为“永乐第一才子”，是明朝第一位内阁首辅，同时是《永乐大典》的总编，有治国安邦之才，深受朱元璋重用。

徐渭，初字文清，改字文长，号天池山人。以书画家为人所知悉，他还是著名的文学家、戏曲家、军事家。绘画方面，他是中国“泼墨大写意画派”创始人、“青藤画派”之鼻祖，开创了一代画风。书法方面，被誉为“有明一代才人”。戏曲方面，所著《南词叙录》为中国第一部关于南戏的理论专著。

这三大才子，个个抗打，也难怪唐伯虎都排不上名号。

杨慎究竟多有才

大家都知道世界公认的博学全才达·芬奇，但大家可能不知道，同一时期，我们东方也有这样一个博学全才，就是杨慎。杨慎究竟多有才呢？

《明史·本传》记载：“明世记诵之博，著作之富，推（杨）慎第一。”陈寅恪这样的大才子也说，杨慎才高学博，有明一代，罕有其匹。

当然，只说评语是没有说服力的。下面笔者就为大家论证。

杨慎考科举的时候，他父亲当大官。他中了状元，按理来说，很多人会认为中间有猫腻。然而，恰恰相反，当时的人却认为如果状元不是杨慎，那么一定是考官出问题了。知名到这种程度，也是够厉害了。

据记载，杨慎擅长的研究领域覆盖了经学、史学、哲学、语言学、音韵学、金石学、书法绘画、戏曲音乐和民俗文艺等。杨慎是明朝标杆式的人物，根据相关统计，杨慎平生著作有四百余种，存诗约两千三百首。比起乾隆的四万首诗，这个量确实不算什么，可是难得的是这些著述多为精品，有相当高的学术价值。

特立独行的李贽，一生没服几个人，但是他把杨慎当作自己的精神偶像之一。他不仅极力称赞杨慎的人品、学问，还说“岷江不出人则已，一出人则为李谪仙、苏坡仙、杨戍仙，为唐宋并我朝特出，可怪也哉”。把杨慎与李白、苏轼放在一起，这样的分量也是足足的了！

“白发渔樵江渚上”中的“渔樵”是指？（　　）

A. 名词，隐居不问世事的人　B. 名词，渔翁　C. 动词，隐居

张养浩，字希孟，号云庄，元代散曲家。

山坡羊①·潼关怀古

[元] 张养浩

峰峦如聚，波涛如怒，山河表里②潼关路。
望西都③，意踟蹰。
伤心秦汉经行处，宫阙万间都做了土。
兴，百姓苦；亡，百姓苦。

解读赏析
JIEDU SHANGXI

“秦汉宫阙成焦土，兴亡皆是百姓苦。”

这首小令是作者赴陕西赈灾期间所作的九首怀古散曲之一，也是其中最著名的一曲，以“潼关怀古”为题材，以潼关路上的所见、所感、所慨为内容，借秦汉兴亡来反映现实生活中人民所遭受的巨大苦难，表达了作者对百姓的深深同情。

开篇从写景入手，描写潼关周遭的地理环境。峰峦矗立，波涛汹涌，华山和黄河为表里的潼关地势险要。“怒”字蕴含作者心中的激愤之情，如波涛般波澜起伏，倾泻奔流，为全曲奠定了雄浑悲壮的感情基调。中间四句，点题怀古。作者由近及远，遥望长安，将批判的锋芒指向历朝历代的统治者。万间秦汉宫阙如今都成了一片焦土，壮丽山河与荒芜宫殿形成强烈的反差。“伤心”二字流露出作者关爱百姓的拳拳真情。全曲层层揭示，步步加深，主旨体现在最后两句上，直抒胸臆，表达了作者对历史兴亡的看法，揭露了历代百姓受统治阶级压迫的残酷本质，为经历困难的百姓发出了深切沉郁的悲叹。

全曲一韵到底，遣词精辟凝练，情感汹涌强烈，将写景、抒情、议论三者完美融合，具有强烈的韵律节奏感和艺术感染力。通过感叹秦汉兴亡，此曲表达了作者对统治阶级的不满情绪，对广大百姓的深切同情与关怀。

①山坡羊：曲牌名。②表里：内外。
③西都：指长安。

“三秦锁钥、四镇咽喉”——潼关

潼关位于今陕西省潼关县，古称“桃林塞”，历史悠久，地势险要，南依秦岭，北有渭、洛二水，西拱华山，东连函谷，中通羊肠小道。这个由自然山川组成的军事要塞，雄踞在晋、豫、秦三省要冲，四面八方，无不有险可守，自秦汉以来就成了兵家必争之地。在潼关发生并载入史册的战争多达四十余次，直至今日，潼关村镇的名字中多带有堡、寨、屯、营等字，表明潼关是历史上屯兵设防之地。

战国时，秦国见潼关地势险要，进可窥视，退可防守，就在这里设“函谷关”，以守卫都城咸阳。东汉末年，曹操掌握了实际政权，将都城从洛阳迁到许昌的同时，为了防止西部动乱，便废函谷关，在今潼关县港口镇秦东村重设关隘，因临近潼水而得名“潼关”，潼关之名，始自于此。

隋朝时将东汉潼关迁于坑兽槛谷（今港口镇禁沟口附近），隋亡后唐朝仍在此设关约八十年。之后再次迁关，移近黄河（今港口镇的旧城址），建关楼，挖堑沟，宋元明三朝沿用。明代在此设潼关卫，扩大城池，清朝仍沿用。之后的潼关经历战乱烽火，到解放前夕，幸存古建筑屈指可数。解放后，潼关县城搬迁，仅留残破城垣。

耿直敢谏，为民解忧的文人忠臣——张养浩

元武宗在位时，张养浩任监察御史一职，负责督察弹劾。武宗荒废朝政，耽于享乐，挥霍无度，导致国库入不敷出，于是武宗饮鸩止渴，滥发纸钞，导致民间物价飞涨，百姓苦不堪言。皇帝如此昏聩，但朝中无一人敢于劝谏。张养浩十分反对武宗的所作所为，思索再三后，呈上一份万言书劝谏武宗，武宗看后十分恼怒，将他罢官，张养浩平时得罪的权臣也想置他于死地，他只好更名换姓逃出京城才得以保命。

不久，武宗逝世，仁宗即位。仁宗曾是张养浩的学生，十分欣赏他，即位后立即复用张养浩为中书省右司都事，后又担任礼部尚书，张养浩迎来了他政治生涯的春天。元世祖忽必烈之后将科举弃之不用，张养浩建议仁宗重开科举，仁宗采纳且于1315年举办了元朝第一次科举，张养浩作为主考官为国家收罗了一大批优秀人才。

英宗即位后，张养浩位高权重，官至参议中书省事。一次，英宗打算在宫中张挂花灯过元宵，张养浩知道英宗有这种劳民伤财的计划之后，立即谏言。英宗刚开始觉得十分生气，但转念一想，有这样直言敢谏的人才，国家怎么会治理不好呢？于是赏赐张养浩钱财布匹，表彰他的正直。

明代在《太和正音谱》中称赞张养浩的曲风“如玉树临风”的是谁？　（　　）

A. 朱权　B. 朱棣　C. 朱允炆

文征明，原名壁（或作璧），字征明，世称“文衡山”，明代画家、书法家、文学家。

满江红·拂拭残碑

［明］文征明

拂拭残碑，敕飞字[①]，依稀堪读。
慨当初，倚飞何重，后来何酷。
岂是功成身合死，可怜事去言难赎。
最无辜，堪恨更堪悲，风波狱。
岂不念，疆圻蹙[②]；岂不念，徽钦辱，
念徽钦既返，此身何属。
千载休谈南渡错，当时自怕中原复。
笑区区、一桧亦何能，逢[③]其欲。

“满腔爱国情，敌不过帝王心。”

词人在上阕叙述自己看到出土的诏书刻石，感慨无限。他轻轻拂开石碑上的泥土，这是宋高宗曾经赐给岳飞的“褒奖”诏书，上面的字迹依稀可见，读来让人感慨，当初宋高宗是如何器重岳飞，但是后来为什么又那么残酷地对待他呢？难道是因为功高震主所以注定要以死“抵罪”吗？即使时过境迁，宋高宗怕是也难以赎罪了。词人接连运用反问表现自己内心的愤慨，可悲可叹他这如此不公的待遇，都来自秦桧的陷害。但是又仅仅是秦桧吗？

词的下阕紧接上阕的疑问，把矛头指向皇帝。他用了两个“岂不念”，极具讽刺意味：皇帝啊，你难道不知道南宋的疆域在缩小吗，你难道忘记了宋徽宗、宋钦宗被俘的耻辱了吗？你大概是害怕他们回来，自己的地位不保吧。千百年的人们不要再说南渡有错，因为皇帝根本不想收复中原，可笑一个秦桧有什么能耐，他不过是迎合了皇帝的想法。

①敕飞字：敕，帝王下给臣子的诏命。飞，指岳飞。
②疆圻蹙：疆域缩少，指金人南侵，南宋的版图已远小于北宋。③逢：迎合。

岳家军

岳家军是南宋初年由岳飞领导的一支抗金军队，这支军队主要力量是以牛皋、董先为首的各部义军，后来又陆续收编了一些农民军部众和山东、河南等地的忠义之士，队伍不断壮大。在古典小说《说岳全传》中对岳家军的刻画更为鲜明，也更打动人心。岳家军一直恪守“冻死不拆屋，饿死不掳掠”的严格军纪，并且训练有素，作战英勇，因此金兵队伍里流传着“撼山易，撼岳家军难”之语。

岳飞刺字

岳飞是中国历史上的名将，他从小勤奋好学，文武兼修，十九岁时便投军抗辽。不久，岳飞的父亲去世，他便离开军队回家守丧。之后金兵大举入侵中原，岳母便把岳飞叫到跟前，问他有什么打算，岳飞回答愿意投身军队，保家卫国。岳母非常欣慰，并让岳飞背过身去，用针在岳飞的背上刺了“精忠报国”四个字，让他永远将这四个字铭记于心。

岳飞的死到底是谁的锅

秦桧因为陷害岳飞而背上了千古骂名，但是，秦桧真的是造成岳飞被杀的主谋吗？也许不尽然。我们并不打算为秦桧辩解，但是文征明的这首词让我们去思考谁才是杀害岳飞的真正凶手。

金人入侵，宋徽宗和宋钦宗被俘虏，赵构仓皇南渡，逃至杭州继位，建立南宋，是为宋高宗。杭州是个好地方，宋高宗带着南渡的臣子在这里苟且偷安，也算过得不错，所以宋高宗根本不想抗金复国。更何况，半壁江山尚有他的皇帝可当，一旦抗金成功，他的父、兄回来，自己的皇位能否保住还是一个问题。因此，他便视天天嚷着要“精忠报国”的岳飞为眼中钉，而秦桧只是宋高宗的“刽子手”。

钦宗大概也是猜到了高宗的想法，绍兴十一年，金宋达成和议，次年，金允许赵构生母韦氏携带宋徽宗尸骨南归。一起被俘的钦宗赵桓，再三叮嘱母亲转告赵构，表示他也想南归，让赵构想想办法，等回宋后，他不奢望再做皇帝，“得为太乙宫主足矣，他无望也”。韦氏也表示回去后一定设法接他回来。但高宗终究害怕，并没把赵桓的哀恳放在心上，最终还是让他死在了金国。

宋高宗下了几道命令让岳飞回来？（　　）
A. 八道　B. 十道　C. 十二道

本章知识小问答答案

第 37 页　正确答案：C. 东边吹来的风，暗指火烧赤壁

第 39 页　正确答案：C. 长江南岸地区

第 41 页　正确答案：B. 王安石

第 43 页　正确答案：B. 李兴

第 45 页　正确答案：C. 宋玉

第 47 页　正确答案：B. 王夫之

第 49 页　正确答案：B. 彭泽县令

第 51 页　正确答案：A. 楚国

第 53 页　正确答案：C. 李延年

第 55 页　正确答案：C. 去世，与世长辞

第 57 页　正确答案：A.《天论》

第 59 页　正确答案：B. 不是

第 61 页　正确答案：C. 汉军营垒

第 63 页　正确答案：A. 名词，隐居不问世事的人

第 65 页　正确答案：A. 朱权

第 67 页　正确答案：C. 十二道

『先天下之忧而忧，后天下之乐而乐。』这是古代爱国诗人们的普遍情怀，他们用诗词表达着自己对百姓、对变幻莫测的世事的担忧。

林升，字云友，又字梦屏，温州横阳亲仁乡荪湖里林坳人，南宋士人，擅长诗文。

题临安邸①

［宋］林 升

山外青山楼外楼，西湖歌舞几时休？
暖风熏②得游人醉，直③把杭州作汴州。

解读赏析
JIEDU SHANGXI

"战败的哀号犹在，西湖的歌舞已起。"

这是一首题写在南宋皇都临安一家旅舍墙壁上的"墙头诗"，诗人在首句就点出了临安的景色：山峦重叠绵延不断，楼台林立栉比，壮观不已。本是一幅美丽的景色，但是诗人以乐景写哀情，运用一个问句将人们从临安的美景中拉回，西湖上的歌舞什么时候才能停休？大家难道已经忘了战败的耻辱了吗？如今暖洋洋的香风吹得游人如痴如醉，以至于简直是把杭州当成了汴州。

诗人以简单的笔触表达了内心的愤懑，金人攻陷汴京，北宋灭亡，赵构仓皇迁都杭州，在杭州组建南宋小朝廷，偏安一隅，不思北伐，弃祖国大好河山于不顾。皇帝兴修宫殿，沉溺声色，朝臣到处寻欢作乐，把杭州当成人间圣地。全然忘记了已经沦陷的汴京城，诗人针对这种现象给予强烈的讽刺，同时表达对国家民族命运的担忧。

①邸（dǐ）：旅店。②熏（xūn）：吹，用于温暖馥郁的风。
③直：简直。

南宋当时有没有收复失地的实力

根据宋史记载，高宗当时其实是有收复中原的机会和实力的。绍兴十年，宋军取得顺昌大捷，打败十万精锐金兵，当时金人忙着把燕京的珍宝北运，准备逃跑，这是一次非常好的乘胜追击的机会。而后，岳家军在郾城、临颍又连败金兵，前锋直抵朱仙镇，距东京开封只有四五十里了。

这个时候宋军其他各路也处于有利态势，只要高宗下令乘胜追击，收复中原便不是难事，但是高宗一天之内，以安民为借口，连下十二道金牌，迫令岳飞退兵。君命不可违，岳飞望天慨叹："十年之功，废于一旦。"召回岳飞之后，宋高宗直接威胁当时主战的三大帅张俊、韩世忠、岳飞，表示他们如果功高震主，不听诏令，不仅子孙有难，"自身也有不测之祸"。之后，张俊为求自保，转而投奔秦桧主和，而韩世忠也选择明哲保身，闭门谢客。只有岳飞，希望将一腔热血洒在战场之上，结果，却洒在了被构陷的风波亭。

西湖居然还有这么一个外号

西湖美景，天下皆知，赞美西湖的诗句也是数不胜数，但是，西湖还有一个诨名，叫作"销金锅儿"，这并不是赞美西湖的，那这到底是怎么回事呢？

周密在《武林旧事》中记载，因为南宋的达官显贵在西湖每天都花费无数的金银财物，毫无节制，因此，南宋时期杭州的百姓便把杭州称为"销金锅儿"，以此来表示大量花费金钱的处所。在《西湖诗词选》中还有不少将"销金锅"入诗的诗歌。但是西湖真的有这么大的魅力，让这些人沉溺其中，挥金如土吗？也许这只是文人们夸张的表达和形象的隐喻，但是足以表现以赵构为代表的南宋统治者贪恋西湖美景，耽于安乐的现实。

杭州西湖还有一个著名的景点——岳飞墓，在岳飞墓前有四个跪着的雕像，分别是秦桧、王氏、万（mò）俟（qí）、张俊。这四奸跪像从明代起多次被毁，又一次次重铸。被毁是因为人们对于这四个奸臣的愤恨实在太深，连看到雕像都气得砸毁，重铸则是因为他们罪孽深重，必须要世世代代对着岳坟长跪，才足以赎罪，也才足以表达人们对岳飞的无限同情。

宋高宗赵构是宋徽宗的第几个儿子？（　　）

A. 七　B. 八　C. 九

杜牧，字牧之，唐朝诗人，与李商隐齐名，并称“小李杜”。

泊秦淮[1]

［唐］杜 牧

烟笼寒水月笼沙，夜泊秦淮近酒家。
商女[2]不知亡国恨，隔江犹唱后庭花[3]。

解读赏析 JIEDU SHANGXI

“秦淮酒家犹唱曲，山河落寞无人醒。”

《泊秦淮》一诗通过描写夜泊秦淮的所见所闻，将矛头指向晚唐统治阶级，揭露了他们沉湎酒色、穷奢极欲、醉生梦死的真相，运用陈后主亡国的历史对他们发出了振聋发聩的警示，蕴含了作者对国家兴衰的深切忧虑。

诗歌的前两句描绘了烟水迷离、月色朦胧的秦淮夜景。“笼”字将烟、水、月、沙四种景物巧妙串联，互文见义，描摹了一幅幽冷苍凉的景色。下句承接详密，点明时间夜晚和地点秦淮，印证诗题，“近酒家”为开启下文做铺垫。烟水月沙的凄冷与秦淮酒家的热闹形成鲜明对比，烘托出抑郁暗淡的气氛。

后两句抒发了作者对朝代兴亡的无限感慨。陈后主因贪图享乐终致亡国，然陈朝虽灭，但是亡国之曲依旧流传，被人吟唱。“不知亡国恨”不仅是对歌女的正面描写，也是从侧面暗讽当朝统治者和上层阶级不懂以史为诫，吸取亡国之训，依旧沉溺声色。“犹”字深含隐忧沉痛，流露出无奈惋惜之情。

此诗融写景、叙事、抒情、用典为一体，委婉浑然，含蓄凝练，意蕴无穷。作者描绘了秦淮夜色，寓情于景，抒发了对国家命运的关怀忧虑之情，寄托了沉重深切的历史兴衰之感，倾吐了山河落魄、声色依然的哀思。

①秦淮：秦淮河。②商女：卖唱歌女。
③后庭花：《玉树后庭花》，南朝陈后主所作，亡国之音。

十里秦淮河，六朝金粉地

秦淮河是长江下游的一条支流，古称淮水、龙藏浦，全长约一百一十公里，大部分都在南京市内。它有两处源头，北边源起句容市宝华山句容河，南边发于南京市溧水区东芦山溧水河，两河在江宁西北村交汇，在南京城外的九龙桥又分为内外两支，流经南京市内的内秦淮河一段就是著名的十里秦淮。

秦淮河不仅是南京的母亲河，也是中国第一历史文化名河。传说，秦始皇东巡时见秣陵（今江苏南京）上空王气隐现，便命人凿开江宁方山、石硊山，导引淮水北入长江。六朝时，名门望族大多选择在秦淮河一带聚居，是著名的六朝烟月之地、金粉荟萃之所。唐朝时，根据秦代的传说将淮水改称秦淮河，唐朝诗人杜牧的《泊秦淮》一诗使秦淮之名盛扬天下。唐以后，秦淮河逐渐失去了昔日繁华，成为文人骚客的感怀凭吊之所。

宋朝时，经济昌盛，秦淮河也恢复了往日兴盛，在明朝时达到顶峰，进入黄金期。明末清初的秦淮河在江山易主、王朝更迭中苟延残喘。近代时，国家拨出巨款修复秦淮河，这条历经六朝烟雨、明清风月、千年沧桑的历史名河重现繁盛，流光溢彩、如梦似幻的景致使人向往。

十年一觉扬州梦

唐文宗大和六年（832年），牛僧孺出任淮南节度使，特聘用杜牧当书记官，一年后，杜牧到达扬州，在牛僧孺幕中任职。杜牧初到扬州，潇洒倜傥，常常独自外出，饮酒游宴，混迹于花街柳巷。大和九年（835年），杜牧升任监察御史，要离开扬州，回长安赴职。

临别这天，牛僧孺为杜牧设酒饯行，酒过三巡后，诚恳地对杜牧说："你才华横溢、性格豪迈，必定前途无量，可要好好爱惜自己的身体啊！"杜牧以为牛僧孺一定不知道自己的底细，于是回答说："牛相公不必为我担忧，我生活十分检点。"谁知，牛僧孺听后大笑，命令书童从房中取出一个书簏，从中倒出许多字条。杜牧不明所以，定睛一看，字条上大都写着"某夜，杜书记在某家，平安""某夕，杜书记宴某家，无恙"等。

原来，牛僧孺在杜牧到扬州之后，就立即指定了几个部下专门跟随杜牧，暗中窥视保护，每逢杜牧单独外出，他们就换装跟踪，再把杜牧的行踪写在字条上呈给牛僧孺。因此，牛僧孺对杜牧的行踪了如指掌。安排卒吏跟踪、打小报告这些违反人权的行为却都出自牛僧孺对杜牧的一片关心，杜牧知道缘由后，羞愧交加，立即拜谢，对牛僧孺感激不尽。

清代（　　）在《读雪山房唐诗钞凡例》一书中将杜牧的《泊秦淮》推称为唐七绝压轴之作。
A. 管世铭　B. 徐倬　C. 冯晋祚

刘禹锡，字梦得，唐代诗人，有“诗豪”之称。

石头城①

［唐］刘禹锡

山围故国周遭在，潮打空城寂寞回。
淮水东边旧时月，夜深还过女墙②来。

解读赏析
JIEDU SHANGXI

“石山潮水依旧在，旧时明月不复有。”

这是一首凭吊石头城古迹的咏怀诗，通过描写石头城遗址的寂寞夜景，以故国空城与自然景色相互映衬，来咏叹历史兴亡，朝代更迭，寄寓着作者心中对世事变迁的慨叹及对统治阶级的讽刺警告，流露出时过境迁、物是人非的悲凉之感，使人读之怆然。

前两句围绕石头城的山水景色而展开。繁华已是陈迹，硝烟也已散尽，只剩下眼前这座寂寞空城。石头城周遭的青山绿树依旧驻守原地，唯有潮水奔流不息，击打着这座空城却只能得到孤寂伶仃的回应。诗句以动衬静，赋静态之城以动态之美，将故国周遭和寂寞空城对比，从侧面衬托出石头城的荒芜冷凄，奠定了全诗苍凉沉重的基调。

后两句以细腻的笔触描写石头城的月下夜景。淮水东流，夜色渐深，旧时明月照耀着女墙。虽世事变迁，沧海桑田，但明月依旧。“月”承载着作者心中的悲惋之情，营造出一种寥落凄楚的审美意境，引人沉思。

此诗看似句句写景，实则句句抒情，内容深沉，情调苍凉，将构思建于对比衬托之上，用永恒的自然景物反衬石头城的变迁荒废，以一座空城来表现朝代的兴亡变迁，深切抒发了作者对故国萧条和悲戚人生的哀叹。白居易也曾赞誉“我知后之诗人无复措词矣”。

①石头城：指金陵南京。
②女墙：城墙上的小墙垛。

盛时难再的寂寞空城——石头城

石头城，又名石首城，故址在今南京清凉山，因起于石头山而得名，以石头山临江的西面石壁为基础。石头城在初建之时，除西面的天然石壁以外，皆为土垣，实际上只是一座土坞，但这座土城在防御上起着举足轻重的作用。三国时，东吴孙权定都建邺（今江苏南京），这是秦汉以来经营四百多年的秣陵大镇。孙权在秦淮河东南建筑都城，形成了以建邺为核心、丹阳群城为援、石头城为守的三城鼎立格局。

石头城突出江岸，虎视长江，处于制高点，南控秦淮入江口，是长江沿线最大的码头之一。孙权将东吴水军驻扎在石头城内，在城上设烽火台，与沿江上下游的烽火台相望。只要石头城上燃起烽火，不出半日，长江沿线就可以点遍烟火，一呼百应，当遇到险情时，各地都可以迅速得到警讯。石头城因地势险要、传信快速成为守卫东吴都城的卫城，自古以来是兵家的争夺之地。

孙权与曹操几番争夺淮南之地都以石头城为基地，东晋、南朝时也皆据为重防。历经战火硝烟的石头城在唐高祖武德八年（625年）被废弃，成为一座“废都”。五代时，长江改道北移，石头山临江之处泥沙堆积，变成平地，失去了险要地势。到元朝，朱元璋将石头城围入城内，成为一座城中城，失去了军事重地的地位，仅供世人凭吊。

牛僧孺心存芥蒂，刘禹锡作诗道歉

唐文宗大和八年（834年），刘禹锡由苏州刺史调任汝州刺史，在赴任途中经过扬州，驻扎在扬州的牛僧孺设宴招待了他。酒宴上聚集文人墨客，作诗唱和，牛僧孺赋《席上赠刘梦得》一诗：“粉署为郎四十春，今来名辈更无人。休论世上升沉事，且斗樽前见在身。珠玉会应成咳唾，山川犹觉露精神。莫嫌恃酒轻言语，曾把文章谒后尘。”在座的人都不明白怎么回事，但刘禹锡心中清楚，牛僧孺是将三十多年前的事情还放在心上。

那时，牛僧孺只是个初出茅庐的年轻秀才，为了提高诗名，利于科举，他去求见颇有诗名的刘禹锡，恭敬地递上自己得意的诗文。但刘禹锡并没有将他放在眼里，在众人面前毫不客气地指出文章的缺点，这让牛僧孺颜面扫地。事后，刘禹锡并没有将此事放在心上，这么多年过去，牛僧孺官运亨通，刘禹锡却接连被贬，听到牛僧孺作的这首诗，回忆起往事，他无限感慨，遂写下《酬淮南牛相公述旧见贻》回赠牛僧孺：“少年曾忝汉庭臣，晚岁空馀老病身。初见相如成赋日，寻为丞相扫门人。追思往事咨嗟久，喜奉清光笑语频。犹有登朝旧冠冕，待公三入拂埃尘。”牛僧孺听到后，心中多年怨气才得以消减。

刘禹锡经常学习民歌的格调进行诗歌创作，以下哪首诗是民歌体？（　　）

A.《白鹭儿》　B.《秋词》　C.《望洞庭》

高蟾（chán），生卒年不详，唐代文人，家贫，为人重气节，工诗，气势雄伟。

金陵晚望

［唐］高　蟾

曾伴浮云归晚翠①，犹陪落日泛秋声。
世间无限丹青手②，一片伤心画不成。

解读赏析 JIEDU SHANGXI

“丹青妙手，画不出内心的苍凉。”

诗人在首句，简单而真实地描绘了“金陵晚望”的情景：正是三秋时节，落日的余晖映照在远处荒莽的群山之上，形成秋季特有的苍黑色。金陵古城也笼罩在这种余晖之中，显出一种苍茫之景。诗人于高处看到浮云在古城上空无所依存，耳边也传来秋天特有的萧飒之声，从“视觉”和“听觉”上都给人以萧索沧桑的感觉。此情此景，让诗人慨叹不已。

声色结合的景色让诗人惊叹，但是诗人现在无心专注于眼前之景。如此景色，相信精通绘画的画家可以将其描绘下来，可内心的那种难以言说的沉痛之情，纵然世间有无数丹青妙手，依旧描绘不出。而这“一片伤心”，也只能随着落日渐渐消失在远方，最终沉寂为无边的黑暗。

①晚翠：傍晚苍翠的景色。
②丹青手：指画师。

南京为什么叫金陵

金陵是南京最古老的一个别称，据说是因为秦始皇看到金陵之地有王气，紫气直射北斗星方向，十分生气，于是下令铸金人埋在卢龙山以北的江边，以挖断龙脉泄王气，因此将此地称为金陵。还有一种说法是，由于楚威王灭越国后，建立金陵山，也就是现在南京的钟山，因此得名金陵。最后一种说法是因为南京地接金坛，其山产金，故名金陵。

六朝古都

南京一直以来就被称为“六朝古都”，因为有六个朝代先后在南京建都。这六个朝代分别是东吴、东晋，以及南朝的宋、齐、梁、陈。南京在三国的东吴时期，称为建邺，后来到了西晋，为避司马邺讳，改名为建康。此外，南唐、明（洪武）、太平天国及中华民国也曾在此建都，因此，历史上也称南京为“十代都会”。

高蟾：以气节留名

高蟾，出生在河朔间一户贫寒家庭，但他从小天资聪颖，勤奋苦读，才情满怀。只可惜“十年场屋，未得一第”，科考路上不尽如人意，因此他曾感慨自己“颜色如花命如叶”。高蟾科考上的失败除了有运气不佳的因素，也有一些人为的“干预”。唐朝十分注重科举考试，一旦得中，荣华富贵随之而来，因此，许多人为了考上，不惜想方设法徇私舞弊。

高蟾性情倪荡，十分注重气节，曾经有人看到他生活困苦，要拿千金资助他，被他拒绝了，他表示宁愿饿死也不愿意接受这无缘无故的馈赠。这样的高蟾自然不会参与作弊，但是别人就不一定了。不公的考试使高蟾接连失利。于是高蟾在一次考试之后，爬到考试院墙上，提笔写了一首七绝诗反映了这种现象，也抒发内心的愤懑之情。这首诗引起了一些关注，但是最后似乎并没有什么太大的改变。

高蟾的气节还表现在考试失败之后向“上级”高侍郎写的一首诗：“天上碧桃和露种，日边红杏倚云栽。芙蓉生在秋江上，不向东风怨未开！”既抒发了考试失利的落寞，又表达了自己如“芙蓉”一样的自信。

下面哪一个不是南京的别称？（　　）

A. 石头城　B. 白下　C. 应天

韦庄，字端己，长安杜陵人，晚唐诗人、词人，五代时前蜀宰相。

金陵①图

［唐］韦　庄

谁谓伤心画不成，画人心逐②世人情。
君看六幅南朝事，老木③寒云满故城。

解读赏析 JIEDU SHANGXI

"风雨六朝事，枯树寒云满都城。"

这首诗与《金陵晚望》从不同的角度表达了对唐朝衰败的感慨。《金陵晚望》中，作者高蟾表示，即使是丹青妙手也画不出自己伤心的感觉，而在这首诗中，诗人在首句便表示，谁说丹青妙手画不出人的伤心之情？只不过那些画家为了迎合当权者的喜好，故意不画伤心之图罢了。

紧接着，诗人表示，在看了六幅描写南朝历史的图画之后，发现这组图不像其他很多粉饰太平的画作，只画巍峨壮丽的宫殿，反而画长满枯木和头顶寒云的凄凉衰败的古城，让人们看到了南朝的衰落之相，而如今的唐朝，也如同画中那般凄凉衰败。诗人吊古伤今，表达了对历史的惋惜和对现实的慨叹。同时对那些粉饰太平，不尊重历史的行为表示出强烈的反驳。

①金陵：古地名，即今江苏南京及江宁等地，为六朝古都。
②逐：随，跟随。③老木：枯老的树木。

诗词AB面

SHICI AB MIAN

如今的“金陵图”是什么颜色

韦庄的《金陵图》用“灰色调”的枯树和寒云抒发了兴衰之感，而如今的“金陵”——南京，早已成为一座历史文化名城，它又是什么颜色的呢？

南京是绿色的。一到南京，我们便会发现沿街种植的梧桐和雪松，绿化给这座城市增添了生机；南京是蓝白色的，中山陵的蓝白建筑仿佛蓝天白云，昭示着孙中山先生的博爱和人文主义精神；南京是五光十色的，十里秦淮的美景，流光溢彩的霓虹灯，时光游走，古往今来的游人却没有停下对它的赞美；南京是黑色的，大屠杀纪念馆笼罩着挥之不去的阴霾，警钟长鸣，勿忘国耻；南京是红色的，栖霞山如火的红枫犹如这座城市的希望，浴火重生，涅槃起舞；南京是暖白色的，经历了历史的洗礼以及巨大的民族灾难之后，它变得成熟而稳重，像一位睿智的大儒，胸中沟壑万千，早已处变不惊。

诗词小真相

SHICI XIAOZHENXIANG

我们如何读“怀古诗”

“怀古诗”与“咏史诗”是我们古代诗歌的重要组成部分，它们略有不同。怀古诗，大多是游览之时，睹物生情，由此生发感慨，记而为诗，如李白的《越中览古》、刘禹锡的《乌衣巷》；咏史诗，则大多是对历史人物或者历史事件的议论，如杜牧的《赤壁》、李清照的《夏日绝句》。但是二者并没有明显的界线。

阅读怀古诗时，要注意把握诗中的三个重要内容。

首先，怀古诗大多采用对比手法，且基本是今昔对比。古人面对历史遗迹，自然而然会通过联想进行对比，突显眼前之景。其次，怀古诗多采用借景抒情的方法，表达诗人的情感。诗人在登临之时，或者旅程途中，睹物思人，触景生情，因此，便借眼前之景或者心中之景营造出诗歌特有的“意境”。最后，注意把握怀古诗中的核心意象。怀古诗中的意象可以帮助我们快速把握诗歌中的情感，如《乌衣巷》中“旧时王谢堂前燕”的“燕子”，还有《汴河曲》中“风起杨花愁杀人”的“杨花”。抓住了这些意象，就把握住了诗歌的情感。

知识小问答

下面哪一个朝代不属于南朝？（　　）

A. 齐　B. 宋　C. 赵

李益，字君虞，陕西姑臧（今甘肃武威）人，后迁河南郑州，唐代诗人。

汴河曲

［唐］李　益

汴水[1]东流无限春，隋家宫阙已成尘[2]。
行人莫上长堤望，风起杨花愁杀人[3]。

"汴水无限，隋宫有期。"

这是一首怀古诗。诗人在首句以汴河之水引发对历史的回忆，汴水缓缓东流，两岸花红柳绿倒映在水面，显出春光无限，让人沉醉其中。与这春光相对的，是已经成为断壁残垣的隋朝宫殿和奢侈荒淫的隋宫生活。这两句中，用汴水的生生不息对比隋朝的短暂，汴水长流，有关隋朝的记忆却都变成尘土，消失在岁月当中。

末尾两句，诗人把重点放到了具有特殊意义的意象"杨花"上面，他表示来往的行人啊，你们不要再到长堤之上去遥望故都了，因为风吹起杨花，纷纷扬扬，犹如漫天的愁绪，真的要将人愁死了。杨花本是春天的象征，如今却变成了隋朝灭亡的历史见证，诗人面对此情此景，不禁生出繁华易逝，历史沧桑变化的无限感慨。

①汴水：汴河。②已成尘：已经成为断壁残垣。
③愁杀人：把人都愁死了，形容过于发愁。

隋堤上到底种的是柳树还是杨树

《汴河曲》中的长堤是我们所知的隋堤，而隋堤上，隋炀帝当时命人种的可是柳树，那么诗中为何说是杨花呢？“杨花”是古诗词中的重要意象，但是很多人可能不知道，在古诗文里，“杨”和“柳”是可以互名的，也就是说，“柳”可以叫作“杨”，“杨”也可以叫作“柳”。许慎在《说文解字》中就说过：“杨，蒲柳也”“柳，小杨也”。

隋炀帝三下江南

隋炀帝登基之后便在前人开凿运河的基础上，举全国之力，开凿了一条贯通南北的京杭大运河，大运河北起北京，南达江淮，为南北经济文化的交流发展做出了巨大贡献。但这条运河的开凿最主要的目的是满足隋炀帝的出游需要，隋炀帝杨广在位十四年，沿着大运河三下江南，每次出行都耗费大量的人力物力，一路上尽情享乐，饱览人间美景，但是最终也在他最爱的扬州被杀。

原来隋炀帝杨广和李渊还有亲戚关系

在隋朝之前，是中国历史上的一个“乱世”时期——魏晋南北朝，这个时期朝代更迭，南北对峙。最后，北周杨坚灭南朝陈，建立隋朝，再一次实现国家大一统。隋炀帝杨广是隋朝开国皇帝杨坚和独孤皇后的儿子，那么他和唐朝的开国皇帝李渊又有什么关系呢？

魏晋时期，出现过很多政治贵族，如“王、庾、桓、谢”四大贵族，他们垄断政治上升渠道，掌握绝对的话语权，一时风光无限。后来，到了南北朝时期，这些贵族逐渐没落，继而关陇军事贵族集团出现，以“八大柱国”的形式，影响并创造了四个朝代——西魏、北周、隋、唐。

“八大柱国”是西魏时期受封的八位柱国大将军，有独孤信、宇文泰及李渊的祖父李虎、李密的曾祖父李弼等。独孤信生了七个女儿，有三个分别是北周、隋、唐的皇后。长女嫁给北周明帝宇文毓，但不久后去世，在宇文毓称帝时，被追封为皇后；四女儿独孤氏嫁给李渊的父亲，是唐高祖李渊的生母，后来被追封为元贞皇后；小女儿独孤伽罗则嫁给了隋文帝杨坚，后来被称为独孤皇后。因此，隋炀帝杨广的母亲和李渊的生母是姐妹，杨广和李渊是表兄弟。

下面哪一位皇帝不是末代皇帝？（　　）

A. 梁武帝　B. 商纣王　C. 汉献帝

元稹，字微之，别字威明，诗人、文学家，与白居易合称“元白”。

行　宫

［唐］元　稹

寥落[1]古行宫[2]，宫花寂寞红。
白头宫女在，闲坐说玄宗[3]。

“花开花落，回首已是沧桑。”

这是一首抒发兴衰之感的五言绝句，诗人简单几句勾勒出一幅凄清寂寥的深宫图。起句用“寥落”点明地点和环境，是在冷清的古行宫里。紧接着，诗人以乐景写哀情，谈到花园中红花开得正盛，却无人欣赏，徒增了几分凄楚。第三句点出了人物，古行宫里只有一些白发的老宫女，曾经她们也有如花的年纪，带着年轻的憧憬在行宫里穿梭。后来行宫变成冷宫，被分配到这里的她们渐渐从繁花似锦的美梦中惊醒，守着空荡荡的行宫，一天又一天，一年又一年。

几十年过去了，她们从青春活泼的少女变成白发苍苍的老宫女，她们把自己的一生都奉献给了这个早已经没有一点生机的行宫。而现在，她们只是闲坐着，聊起了以往玄宗故事的时候，说起当初的繁华。时过境迁，繁华已逝，剩下的只是无尽的孤寂。

①寥落：寂寞冷落。②行宫：皇帝在京城之外的宫殿。
③玄宗：唐玄宗李隆基。

诗词AB面

SHICI AB MIAN

唐玄宗居然有个“洋姬”

唐玄宗李隆基一生风流，一时“后宫佳丽三千人”，除了后来“三千宠爱在一身”的杨贵妃之外，记录在案的皇后妃嫔还有刘华妃、赵丽妃、钱妃、皇甫德仪、武惠妃、柳婕妤等二十余人。据考证，唐玄宗还有一位来自中亚曹国的外国女子，名叫“曹野那姬”，曾经深受他的宠爱，不过历史上没有任何详细的材料介绍，只有在《新唐书》《酉阳杂俎》和《唐语林》中记载说唐玄宗的女儿寿安公主是由曹野那姬所生。

这位寿安公主九月早产，在古代，不足十月出生被认为不祥，因此，寿安公主并不讨唐玄宗喜欢。唐玄宗给她取了个小名叫“虫娘”，曾经还让她穿着道教的羽衣服在宫内道家坛观消灾趋吉。后来，唐玄宗退位成为太上皇，这位“虫娘”几经周转才求得寿安公主的称号，并以公主身份出嫁。

诗词小真相

SHICI XIAOZHENXIANG

玄宗与杨贵妃那些不得不说的故事

唐玄宗的一生就像坐了一个过山车，前半生英明神武，励精图治，后半生沉溺于自己的荣耀之下，开始荒废政事，沉溺酒色。美人在怀，便是将半壁江山拱手让给杨国忠也毫不在意。最终马嵬坡下弃红颜，香消玉殒长恨歌。

杨玉环最开始是唐玄宗的儿子李瑁的媳妇，后来被李隆基看上，以先出家后入宫的“曲线救国”的方式，进入李隆基的宫中，摇身一变成了杨贵妃。入宫之后，杨玉环盛宠不衰，她是唐玄宗的知音，是他的灵魂伴侣，他们琴瑟和谐，恰如一对“神仙眷侣”，在宫中夜夜笙歌，日日欢会。唐玄宗为博美人欢心，“一骑红尘妃子笑，无人知是荔枝来”，也为杨贵妃对大臣拍桌子发火，惹得群臣不快。更有甚者，重用杨玉环的堂兄杨国忠，把朝局搅得动荡不堪。

后来安禄山因犯错被押解到长安知罪，到了长安之后便刻意讨好杨国忠，并接近杨贵妃，还跳起了“胡旋舞”讨皇帝欢心。唐玄宗被其蒙蔽，不听张九龄的劝告，对他网开一面，最终导致安史之乱的发生。在这场动乱中，唐玄宗顶不住压力，将杨国忠和杨贵妃赐死，一代美人香消玉殒。

知识小问答

杨贵妃与唐玄宗共同创作完成的舞曲是什么？（　　）

A.《贵妃醉酒》　B.《霓裳羽衣曲》　C.《长恨歌》

许浑，字用晦，唐朝诗人。

咸阳城东楼

［唐］许 浑

一上高城万里愁，蒹葭①杨柳似汀洲②。
溪云初起日沉阁，山雨欲来风满楼。
鸟下绿芜③秦苑夕，蝉鸣黄叶汉宫秋。
行人莫问当年事，故国东来渭水流。

解读赏析
JIEDU SHANGXI

“风云变幻万里愁，故国往事随水流。”

这首诗歌是作者在唐大中年间任监察御史一职时所写，叙述了秋日登高的事情，描写了登临远眺之所见景色及自然变化，融情于景，景中寓情，借用凄美别致的景色表达了作者内心的千愁万绪和无限感慨。

首联点题，叙事写景，登临远眺所触发的情绪感慨和眼前景色交汇融合。“愁”字是诗歌的关键所在，奠定了全诗的悲歌基调。颔联承接上联写景，将“溪”“云”“日”“山”“雨”“风”等景象远近结合，巧妙融汇，生动地展现出一幅云诡风谲图，身临其境之感油然而生。同时，运用自然变化喻指政治世事上变幻莫测、危机四伏的形势，蕴意深远，点明“愁”之原因。

颈联在形式上对仗工整，在内容上层层推进。鸟叫蝉鸣与绿芜黄叶动静结合，营造出萧瑟凄凉的意境，渲染衬托出秦苑汉宫的荒芜衰微，借此抒发家国兴衰的慨叹。尾联笔锋由写景突转为抒情。“莫问”二字蕴含无奈惋惜之情，照应开头“万里愁”，愁绪贯穿全诗。

此诗意境高远，情感悲怆。作者运用大量笔墨来细腻描写景物，呈现了自然之景的变化和秦汉宫廷的荒凉，借此抒发对历史变迁的深切思索和对现实发展的愁虑隐忧，情景交织，吊古伤今，意深情真，不失为一篇登高佳作。

①蒹葭：芦苇。②汀洲：水边平坦的沙洲。
③绿芜：绿色的荒草。

好友后院起火，许浑寄诗提醒

许浑的好友房千里在一年冬天去广州一带游历，结识了进士韦滂。韦滂将一个十九岁少女赵氏送给房千里做妾，房千里十分宠爱她。可惜好景不长，房千里要回长安接受任职，且唐朝法律严明，官员在任职报到期间不能随意带姬妾入京。因此，虽然赵氏不忍与其分离，但房千里也只好忍痛将她留下。

回京途中，房千里巧遇许浑，并拜托许浑多多照看赵氏。受到房千里的嘱托，许浑一到就立马准备去看望赵氏，他命人打听却得知赵氏与韦滂在一起的消息。

房千里和韦滂都是许浑的好友，他感到左右为难，苦思良久，许浑决定写下《寄房千里博士》一诗给他，委婉地告知房千里这个消息。“春风白马紫丝缰，正值蚕眠未采桑。五夜有心随暮雨，百年无节待秋霜。重寻绣带朱藤合，更认罗裙碧草长。为报西游减离恨，阮郎才去嫁刘郎。”房千里看到此诗之后，悲伤得不能自已，此事对他的打击很大，还被他改头换面写进了自己的小说《杨倡传》中。

古都宫苑历风雨，渭水南北看历史

我国的母亲河黄河的最大支流——渭河，古称渭水，发源于青海，流经甘肃、陕西等地，在潼关会师黄河。在渭水的南北面，秦岭山脉和北岭山脉分别绵亘延伸，两条山脉包合，中间的平地被渭水灌溉，形成一片沃土——渭水平原。华夏祖先很早就在渭水两岸建都立城，历朝历代，繁衍生息，是中华民族的源地。

据历史记载，公元前一千多年，距今三千年光景，周朝初兴，首领古公亶父带领族人从豳地（今陕西彬县、旬邑县一带）迁居到北岭山脉的岐山脚下的周原（今陕西岐山县东北），建设了渭水平原上最早的一座城市。

春秋战国时期，秦国在渭水北面建都咸阳（今咸阳东面二十里），秦始皇统一六国之后，又计划在渭水南岸盖一座壮丽的宫殿，但到秦始皇去世，也只盖成了前殿——阿房宫。刘邦建立西汉，在渭水南岸，今西安西北二十里的地方建立了新的都城长安。

东汉时迁都洛阳，又经过混乱的三国时期、分立的魏晋南北朝，直到隋朝统一中国，才在如今的西安建都，但都城还未建成，唐朝就代替了隋朝的统治，在此基础上继续大加扩充，这就是古今中外闻名的大都市——长安。在唐朝之后，再无朝代在长安立都，秦苑汉宫，咸阳长安早已经过多年风霜，随着渭水东流而悄然湮灭。

《唐才子传》称许浑为？（　　）

A. 志气宏放之士　B. 任性不羁之士　C. 慷慨悲歌之士

刘禹锡，字梦得，唐代诗人，有“诗豪”之称。

西塞山①怀古

［唐］刘禹锡

王濬②楼船下益州③，金陵王气黯然收。
千寻④铁锁沉江底，一片降幡⑤出石头。
人世几回伤往事，山形依旧枕寒流。
今逢四海为家⑥日，故垒萧萧芦荻秋。

解读赏析 JIEDU SHANGXI

“途经故地伤往事，家国一统赋希冀。”

唐穆宗长庆四年（824年），作者由夔州刺史调任和州（今安徽马鞍山市）刺史，赴任途经湖北西塞山，眺望生情，切景抒感，作下此诗。这是一首怀叙西晋将领王濬率军攻灭吴国的咏古诗，表达了作者对历史兴亡盛衰的慨叹，抒发了对国家一统的渴望之情。

首联点明事件，叙述了王濬带领楼船水军东征吴国之事，展现出一幅气势磅礴的风云画卷。“下”字渲染出浩荡澎湃的晋军气势，“黯然”暗指吴国以惨败投降收场。颔联将吴军在大军压境前的垂死挣扎描绘得淋漓尽致，“一片降幡”与“黯然收”上下呼应，东吴灭亡，被迫投降的惨状情景跃然纸上。

颈联承上启下，由历史转换到现实，将世事变迁和山形依旧对举，引人深思。清代屈复在《唐诗成法》中评说：“前四句止就一事言，五以‘几回’二字括过六代，繁简得宜，此法甚妙。”尾联直抒胸臆，深化主题，寄寓了作者对四海为家的期许，表达了作者对当朝统治者的婉言规劝。

此诗托古讽今，前四句描绘战争，咏叹晋吴兴亡之事与西塞山川之险；后四句抒发感慨，寓哲理于历史和现实的反思之中。作者以史实故事为切入点，通过巧妙的艺术手法体现诗歌的深沉内蕴，阐发深刻的思想情感，使此诗成为中唐时期的咏史诗杰作。

①西塞山：在今湖北黄石市东长江边。②王濬：西晋将领，曾担任益州刺史。③益州：今四川成都。
④寻：长度单位，古时以八尺为一寻。⑤降幡：降旗。⑥四海为家：指国家统一。

王濬领兵下东吴，四海为家终成真

王濬是西晋名将，家族世代为官。他先后担任几个地方的太守一职，为官时，严格依法办事，为百姓免除劳役、放宽赋税，因此得到拥戴。泰始八年（272年），益州刺史皇甫宴的部下张弘叛乱并杀害了皇甫宴。这时，王濬任广汉太守一职，奏报武帝，主张讨伐张弘。武帝下令任命王濬为益州刺史去征灭叛军，王濬便领兵迅速剿灭叛党。

因武帝和宰相羊祜正计划征讨东吴，羊祜认为吴人善水战，伐吴必须建造船只、加强训练水军。羊祜欣赏王濬的军事才能，便上密表给武帝，把王濬留在益州，加封他为关内侯、龙骧将军。王濬便在益州开始大造船舰，船上建以楼橹，可四面开门，骑马往来，这种大船被称为“楼船”。

咸宁五年（279年），王濬在坚持不懈地准备了七年以后，上疏武帝，建议进军吴国，武帝批准。王濬带领数万水陆大军，顺江而下，直驱丹阳，擒下丹阳监盛纪以后，继续进军吴国都城。但吴人用铁锁把江面拦住，铁锥沉入江底，阻碍晋军前行。王濬及时采用对策，用火将铁锁熔化，扫清障碍。咸宁六年（280年），王濬率军八万，直取吴国都城，吴主孙皓拜降，至此，晋王朝统一。

梦得探骊得珠，众人罢唱自罚

穆宗长庆年间，刘禹锡从夔州调任至和州。《旧唐书·职官志》记载，凡州郡户满四万者为上州，户不满二万者为下州。和州属上州，优于夔州。刘禹锡这次的调任实为升迁，有重获重用的苗头。他怀着激动澎湃的心情赴任和州，沿江东下，遍览山川名胜，吟咏赋诗，且偶然与元稹、韦楚客两位好友相逢，于是三人结伴绕道去拜访担任苏州刺史的白居易。四位友人难得聚首，白居易热情地招待了他们，大家开怀畅饮、谈古论今。

他们逐渐谈论起六朝兴亡，古时都将东吴、东晋、宋、齐、梁、陈合称为六朝。谈论片刻之后，韦楚客提议以六朝兴亡为题，每人赋诗一首，其余三人皆赞同。刘禹锡建议题目不能太广泛了，白居易想起长江中游有一座西塞山，是吴国的江防要塞，西晋水军就是从这突破而灭吴国，就以《西塞山怀古》为题。

于是四人皆凝神动笔，刘禹锡斟满一杯酒，喝完之后就写成了，他最先完成，其余三人见诗文已出，都来欣赏，看后都大为钦佩。白居易还诚恳地对刘禹锡说：“四人探骊龙，子先获珠，所余鳞爪，何用耶？”三人罢唱，各自认罚酒一杯。这首令白居易等人甘拜下风的诗便是刘禹锡的名作《西塞山怀古》，此事也成为后人津津乐道的佳话。

清朝哪位名人在《一瓢诗话》中评价刘禹锡《西塞山怀古》一诗“似议非议，有论无论，笔著纸上，神来天际，气魄法律，无不精到”？（　　）

A. 吴瑭　B. 薛雪　C. 叶桂

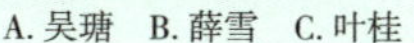

李商隐，晚唐著名诗人，与杜牧合称“小李杜”，与温庭筠合称“温李”。

富平少侯①

［唐］李商隐

七国三边未到忧，十三身袭富平侯②。
不收金弹抛林外，却惜银床在井头。
彩树转灯珠错落，绣檀回枕玉雕锼③。
当关不报侵晨客，新得佳人字莫愁。

“最平淡的讽刺。”

这首诗的写作背景是晚唐期间，社会动荡不安，危机四伏。该诗塑造了一个荒淫奢侈、醉生梦死的年少当权者，讽刺了当权者在其位不谋其政，这正是国家衰败潦倒的根源。

首联“七国三边未到忧，十三身袭富平侯”，汉张安世封富平侯，他的孙子张放十三岁继承爵位，因为年幼无知，对七国叛乱和局势忧患毫无意识。“不收金弹抛林外，却惜银床在井头”，这句是很讽刺的对比，他不在意金弹的贵重，把它弹到树林里却不收回，反而很珍惜井上不起眼的辘轳架，多么讽刺的对比啊！“彩树转灯珠错落，绣檀回枕玉雕锼。”“彩树”指华丽的灯柱，“绣檀”指精美的檀枕。锼，是刻镂的意思。华丽的灯柱上环绕着层层灯烛，像明珠交相辉映；檀木的枕头回环镂空，就像精美的玉雕。这两句描写他室内的豪华陈设，诗人用比较客观冷静的文字反而更彰显出他的奢侈，可谓最平淡的讽刺。

“当关不报侵晨客，新得佳人字莫愁。”当关是守门人的意思，守门人不给清晨到来的客人通报，因为少侯张放新得了一位佳人名叫莫愁。莫愁这个名字也暗指少侯张放不为国事忧愁，和上文中的“未到忧”相对应，都暗讽了少侯张放只顾安逸享乐、不知国家忧患的纨绔子弟形象。

①富平少侯：西汉景帝时张安世被封为富平侯，他的孙子张放十三岁就继承爵位，史称“富平少侯”。
②十三身袭富平侯：指张放十三岁就继承富平侯爵位。③玉雕锼（sōu）：形容檀木枕刻镂精巧，像玉一样莹润精美。

关于晚唐

安史之乱使得唐王朝逐渐衰弱，地方割据严重，中央集权受到巨大威胁。一波未平一波起，后来又发生一次“黄巢之战”，这次战争彻底摧毁了唐王朝。“黄巢之战”持续了十年之久，唐朝的经济财政受到空前绝后的打击，藩镇割据的局面从此出现，天下没有不灭的国，没有不败的家，昔日兴盛的唐王朝也无力回天，逐渐走向灭亡。

古代人的枕头

考古学家在很多古城都发现许多比较硬的枕头，古人的枕头大多都是较硬的。例如李清照的词中提到“玉枕纱橱”，这里的枕头不一定是真的用玉做的，据考古学家研究，宋朝的枕头大都是用瓷做的。宋朝的王安石认为在夏天石头枕和竹席是读书人的最爱，那么为什么古人对石头这样硬的枕头如此钟爱呢？首先石头枕散热效果特别好，其次头和枕头之间的接触面积比较小，有利于通风，古人比较重视养生，脚暖头凉是古人推崇的养生标准。

李商隐应举之路

文宗太和二年，李商隐踏上了应举之路。李商隐家境不好，没有优越的权势背景，而当时官场腐败，政治黑暗，想要应举成功，没有家世背景是不行的。因此李商隐的应举之路自然十分艰辛，应举失败的次数逐渐增多，李商隐开始心有不满，他曾在自己的诗中宣泄不满的愤怒，他把没有录取他的考官比作小人。

曾经和李商隐一起游学的令狐绹早就应举成功，原因当然不是他比李商隐优秀，而是令狐绹的家世背景实属优越，他的父亲令狐楚在当时影响力非凡，靠权贵应举成功的考生在当时已不是罕见的事。李商隐厌恶这虚伪腐败的官场作风，但倘若他仍无动于衷，那么中举的希望更为渺茫。开成元年，李商隐在无奈之下给令狐绹写了一封信，而后在开元二年，李商隐顺利中举。可见这正是令狐父子对考官施加了一定影响。

下列不属于七国的是　　　　（　　）

A. 齐国　B. 秦国　C. 越国　D. 蜀国

杜甫，字子美，唐代伟大的现实主义诗人，被世人尊为“诗圣”，其诗称为“诗史”。

登楼

［唐］杜 甫

花近高楼伤客心①，万方多难此登临。
锦江春色来天地②，玉垒浮云变古今。
北极③朝廷终不改④，西山寇盗莫相侵。
可怜后主还祠庙，日暮聊为梁父吟。

“气象雄伟，笼盖宇宙，此杜诗之最上者。”

首句提挈全篇，在“万方多难”时刻，登上高楼，虽繁花似锦，但诗人为国家的灾难重重而忧愁、伤感。花伤客心，以乐景写哀情，运用反衬手法，更见其哀。

颔联描绘了一幅壮美的山河景观。锦江奔腾而来的江水、玉垒山上飘忽不定的浮云，让诗人联想到动荡不安的国家。上句从空间上扩展，下句从时间上蔓延，形成一片宏阔悠远的意境，包含对祖国山河的热爱和民族历史的回忆。“北极朝廷”句主要写国家战事。“终不改”是指大唐虽然风雨动荡，但代宗又回到长安，流露出诗人强烈的爱国之情。“寇盗”“相侵”，照应前文的“万方多难”，也是对吐蕃觊觎我大唐领土的警告：不要再徒劳无益地前来侵扰了！词严义正，浩气凛然，焦虑之中透着坚定的信念。

尾联咏怀古迹，讽喻当朝昏君，寄托诗人的个人怀抱。后主即蜀汉刘禅，宠信宦官，导致亡国；喻指代宗李豫重用宦官程元振、鱼朝恩，导致吐蕃入侵。沈德潜评价此诗：“气象雄伟，笼盖宇宙，此杜诗之最上者。”可见成就之高。

①客心：客居者之心。②来天地：与天地俱来。
③北极：星名，北极星，古人常用以指代朝廷。④终不改：终究不能改，终于没有改。

吐蕃帝国

诗歌中的“西山寇盗”指的是当时的吐蕃帝国，安史之乱后是吐蕃王朝的鼎盛时期，其领土向西到达今天的克什米尔地区，向北占据今天新疆的大部分地区，向东到达四川西部，向南推进到喜马拉雅山以南的恒河北岸。后来的衰弱是因为向多个方向扩张，以致战争太频繁，大大削弱了国力。公元九世纪后期，吐蕃王朝在内部的大规模起义中土崩瓦解。

吐蕃帝国为何强大

吐蕃帝国的强大，主要是因为占据了天时，青藏高原成为他们赖以生存的屏障，也成为他们壮大发展的最重要的后方保障。吐蕃帝国的根据地在青藏高原，那里的地理环境及气候并非人人都能适应的。他向平原扩张就比较方便，赢了可以继续打，输了可以撤回，敌人却不敢深入高原内部。因此他们才会越来越强大，最终成为一个帝国。

宦官鱼朝恩

鱼朝恩是唐朝一位擅权宦官，安史之乱时他随唐玄宗一起逃跑，因护驾有功深得玄宗信任。正是有了这层关系，他平步青云。

有篇文言文叫《鱼朝恩专权》，在文章中我们可以看出鱼朝恩专权十分严重，朝中很多大臣都不敢与他抗衡。需要决定政事都要与他商议之后才敢做出决定，否则他便大发雷霆。鱼朝恩小儿子鱼令徽十五岁就在朝廷任职了，皇帝还亲自赐予他绿衣。鱼朝恩觉得这还不够，有一天他上奏皇上，说小儿鱼令徽官职太低受人欺负，要求皇上赐他金腰带和紫服。

当时紫服是文武官员三品以上才能穿戴，而鱼令徽职位远远不够。皇帝还没来得及准奏，鱼朝恩便命令相关人员拿来紫衣，鱼令徽接过紫衣立即向皇上谢恩。皇帝心里虽然很不痛快，但是表面上也不敢与他对抗，只能强颜欢笑，称赞其小儿子穿在身上非常合适。鱼朝恩身为朝廷官员，对于朝廷之事都从自己的主观意识出发，蛮横专权。最终，皇帝、大臣都见其不快，其小儿子被流放于岭南，鱼朝恩在皇帝与大臣的联合下被杀。

宦官鱼朝恩，就这样结束了一生。

知识小问答

以下哪个诗人的诗可能反映“安史之乱”时期的社会？（　）

A. 李白　B. 杜甫　C. 白居易　D. 李贺

《黍离》是《诗经》中的一首。

黍　离[1]

［先秦］佚　名

彼黍离离，彼稷[2]之苗。行迈靡靡，中心摇摇。知我者，谓我心忧；
不知我者，谓我何求。悠悠苍天，此何人哉？
彼黍离离，彼稷之穗。行迈靡靡[3]，中心如醉。知我者，谓我心忧；
不知我者，谓我何求。悠悠苍天，此何人哉？
彼黍离离，彼稷之实。行迈靡靡，中心如噎。知我者，谓我心忧；
不知我者，谓我何求。悠悠苍天，此何人哉？

“过国故宗庙宫室，尽为禾黍。”

这首诗歌总共三章，每一章有十句。整首诗歌意在表达诗人的忧伤和郁郁寡欢的心情。这三章循序渐进，诗人取景相同的植物黍，讲述了黍的幼苗、开花和成熟三个时期，讲述了自身心中愁绪的不断加深，从摇摇到如醉再到如噎，足见诗人的愁绪剧增的状态。

关于这首诗的创作背景，在《毛诗序》中记载：“《黍离》，闵宗周也，周大夫行役，至于宗周，过国故宗庙宫室，尽为禾黍。”由此可见，写这首诗歌的诗人，行役到达宗周，路过宗庙宫室，看见一片葱葱绿绿的黍，正在茂盛地生长，而往日的繁华景象都已不复存在。黍本是百姓生存的根本，可诗人看见这物是人非的景象，勾起了自己无限的愁思，他经过荒凉的小路，这一句中“靡靡”的意思是颓废，诗人的脚步非常颓废，走起路来摇摇晃晃。“知我者，谓我心忧；不知我者，谓我何求。”意在表明能够了解自己内心愁思的人太少。“悠悠苍天，此何人哉？”诗人质问苍天，然而苍天也没有回应。也为第二章做了铺垫。

这首诗的第二章和第三章，同样描写黍和稷的具体物象，只是诗人的愁绪逐渐增加，诗人心中的愁绪无人知晓，更让诗人心中的忧思达到无法呼吸的地步。

①黍（shǔ）：北方的一种农作物，形似小米，有黏性。离：行列貌。
②稷（jì）：古代一种粮食作物，指粟或黍属。③行迈：行走。靡（mǐ）靡：行步迟缓貌。

《黍离》的影响

《黍离》取自《诗经》，也是《诗经》的代表。这首诗由物及景，寓情于景，情景相融，将诗人郁郁寡欢的心情体现无遗。这首诗的影响很大，在之后的文人创作过程中起到了标杆的作用，如曹植的《情诗》、刘禹锡的《乌衣巷》及姜夔的《扬州慢》，都和《黍离》的创作有异曲同工之妙。

《黍离》的创作背景

《黍离》取自《诗经·王风》，《王风》是指周王畿地区的歌谣，当时，周平王因为王室力量的衰微以及少数民族的进犯把都城由镐京迁到洛邑，从此东周开始。因为当时王室的势力逐渐衰弱，天子和诸侯之间并未有明显的等级，所以彼时昔盛今衰的亡国之词占据了诗歌的主体，《黍离》整体所表达的正是这种忧郁伤感之情。

《诗经》中不为人知的故事

说到负心汉，我们都会想到陈世美，但陈世美已经是宋朝时期的人了，并不是最早的，最早有名的负心汉，就来自《诗经》。《氓》相信大家都不陌生，讲述的是一个女子爱上了一个前来换布的男子，后来与他成亲，但是遭到他的背叛。两人成亲之后，女子过得并不好，每日吃着粗茶淡饭。而氓却对她不冷不热，久而久之，就让她心灰意冷，认为自己在这个家已经没有待下去的必要了，就回到了娘家。古时候，嫁出去的女子就是泼出去的水，就算回到娘家也是会遭到嫌弃的。

这个女子回到娘家之后，也过得不好，就开始怨念，从前他是一个多么情真意切的人啊！在宴会上说说笑笑的样子，信誓旦旦地说要对自己好，可不到几年的时间，就开始变心了，跟随着他过了那么多苦日子，一句知心的话没有，竟然还嫌弃自己人老珠黄，如果每天都吃着粗茶淡饭，还要下苦力，谁又能维持青春容貌呢？后来“氓”成为负心汉的代名词。其实“氓”并不是一个准确的人名，只是一个群体的代表词，古时候把四处流浪，或者居无定所的人称为“氓”，我们现在所说的“流氓”中的“氓”，正是这个字。

《黍离》选自《诗经》的（　　）。

A.《郑风》　B.《秦风》　C.《卫风》　D.《王风》

辛弃疾，字幼安，号稼轩，南宋豪放派词人，有“词中之龙”之称。

永遇乐·京口北固亭怀古

［宋］辛弃疾

千古江山，英雄无觅孙仲谋处。
舞榭①歌台，风流总被雨打风吹去。
斜阳草树，寻常巷陌，人道寄奴②曾住。
想当年，金戈铁马，气吞万里如虎。
元嘉草草，封狼居胥，赢得仓皇北顾。
四十三年，望中犹记，烽火扬州路。
可堪回首，佛狸③祠下，一片神鸦社鼓④！
凭谁问：廉颇老矣，尚能饭否？

解读赏析 JIEDU SHANGXI

“一腔热血无处挥洒，赤子之心无处安放。”

这是一首咏怀古迹的词作。词人在上阕缅怀了两位英雄人物。词人表示大好的江山永在，但是像孙权那样的英雄难寻。曾经歌舞楼台的热闹繁华景象和英雄业绩都在风吹雨打中随着时光流逝了。紧接着，词人把视线放到远处，看到那荒草丛生、偏僻杂乱的普通街巷，据说那就是当年南朝宋武帝刘裕住过的地方。回想当时，刘裕率兵北伐，武器精良，战马嘶鸣，气势如猛虎，一下子便打败敌人，恢复了中原。这样的英雄气概，与南宋统治者苟且偷安，形成鲜明的对比。

下阕中，词人运用多个典故，先谈到南朝宋文帝在元嘉元年北伐，却因为准备不足而仓皇败北。接着又回忆起四十三年前，扬州路上，到处都是金兵南侵的战火硝烟。词人借古讽今，说往事不堪回首，魏太武帝佛狸的庙前，烟雾缭绕，人们已经忘记了战败的历史，竟在佛狸祠前频繁地迎神赛社。最后以廉颇的典故，表达自己的命运还不如廉颇。

①榭：建在高台上的房子。②寄奴：南朝宋武帝刘裕的小名。
③佛狸：拓跋焘的小名。④神鸦社鼓：吃祭品的乌鸦和社日祭神的鼓声。

“元嘉草草”是什么典故

元嘉是南朝宋文帝的年号，宋文帝刘义隆是南朝宋开国皇帝刘裕的儿子，他继承父亲的皇位，却没有刘裕的才能。他好大喜功，听闻王玄谟北伐的计策，打没有准备之仗，结果北伐惨败，让北魏太武帝拓跋焘的军队追到长江边，宋文帝吓得“北顾涕交流”。拓跋焘率军追到瓜步山，在山上建立了一座行宫，后来被改成祠庙，因为拓跋焘的小名叫佛狸，因此这座祠庙被称作佛狸祠。

“魏晋南北朝”是什么时期

中国历史有大一统，也经历了好几次政权更迭频繁的乱世，魏晋南北朝便是其中一个时期。主要分为曹魏、西晋、东晋和南北朝时期。曹魏是三国时期，由曹操之子曹丕建立，后来曹魏政权逐渐被司马家族掌控，在司马昭病逝之后，其子司马炎废魏元帝，建立晋朝，晋朝又分西晋和东晋。南北朝是由公元420年刘裕篡东晋建立南朝宋开始，到公元589年隋灭南朝陈为止。因为南北势力长期对立，所以称南北朝。南朝包含宋、齐、梁、陈四朝，北朝则包含北魏、东魏、西魏、北齐和北周五朝。

刘裕：南朝第一帝

刘裕是南朝宋的开国皇帝，因此南朝宋也称“刘宋”王朝。刘裕是历史上杰出的政治家、改革家和军事家，他被李贽誉为“定乱代兴之君”，更有“南朝第一帝”之称。“寄奴”则是他的小名。

刘裕早年家境贫寒，曾经生活在荒凉偏僻的小巷之中，但是他才华出众，胸有大志。成年之后，便投戎建功，他的家族早年随着晋室南渡，之后便定居在京口。于是他以京口为基地，讨伐桓玄，平定叛乱，稳定政局，最终取代了东晋政权。他两度带兵北伐，驰骋中原，气吞胡虏。他先是灭了山东的南燕，后来灭了陕西的后秦，光复洛阳、长安，收复了黄河以南大片故土。

刘裕执政期间，励精图治，强化改革。他吸取前朝士族豪强挟主专横的教训，抑制豪强兼并，整顿吏治。因为刘裕是以寒门庶族的身份走上历史舞台的，因此，他掌权之后，重用寒门子弟，改变了门阀专政的情形，奠定了南朝“寒人掌机要”的政治格局。同时刘裕主张发展生产，轻徭薄赋，振兴教育。在刘裕的努力下，南朝宋在政治、经济和文化各方面不断发展，为后来的“元嘉之治”打下坚实的基础。

“封狼居胥”这个典故与下面哪个历史人物有关？（　　）

A. 卫青　B. 刘秀　C. 霍去病

王安石，北宋抚州临川人，杰出的政治家、思想家、文学家、改革家，唐宋八大家之一。

桂枝香·金陵怀古

［宋］王安石

登临送目，正故国晚秋，天气初肃。
千里澄江似练，翠峰如簇。
归帆去棹[①]残阳里，背西风，酒旗斜矗。
彩舟云淡，星河鹭起[②]，画图难足。
念往昔，繁华竞逐，叹门外楼头，悲恨相续[③]。
千古凭高对此，谩嗟荣辱[④]。
六朝旧事随流水，但寒烟衰草凝绿。
至今商女，时时犹唱，后庭遗曲。

“言尽意无穷。”

这是一首吊古咏史之词，面对眼前壮观绮丽的景色，词人触景生情，不禁想起六朝当年的盛衰状况，从而以示后人引以为戒。

“登临送目”四个字把整首词的眼界打开了，登高望远，极目远眺，词人的眼界开阔无比，此时正是故都金陵暮秋之时，天气刚刚开始萧瑟。“千里澄江似练，翠峰如簇。”千里长江奔流不息，澄澈无比，恰似一条白绢，峰峦如聚，巍峨耸立如同一束束箭镞。江面上的船帆向夕阳中驶去，岸边的酒旗迎着西风在空中飘拂，斜出直矗。五彩缤纷的画船在云烟中显得朦胧稀淡，白鹭在江面的洲上时而飞起时而停歇，如此美妙的画面难以完好如实地描绘出来。下阕“念往昔”三个字将感情转向历史长河，“繁华竞逐”，当年六朝竞相追逐奢靡浪费，感叹“门外韩擒虎，楼头张丽华”的亡国悲恨接连相续。“谩嗟荣辱”，词人感叹世人空叹盛衰荣辱，空叹有何意义呢？物是人非，六朝的旧事都随风消逝，只剩下寒烟枯草。最后一句“至今商女，时时犹唱，后庭遗曲”，词人讽刺批判那些像商女一样的人，不知亡国的悲恨仍然自顾享乐，唱着亡国的歌曲。举出商女的例子可谓是“言有尽而意无穷”，耐人寻味。

①去棹（zhào）：往来的船只。棹，划船的一种工具，形似桨，也可引申为船。
②星河鹭（lù）起：白鹭从水中沙洲上飞起。③悲恨相续：指亡国悲剧连续发生。④谩嗟荣辱：空叹什么荣耀耻辱。

门外楼头

楼头是讽刺南朝陈后主陈叔宝贪恋美色，荒淫误国的荒唐之事。陈叔宝的宠妃是贵门外妃张丽华，她才貌双全，不仅有迷人的花容月貌，而且天资过人，因此陈后主极为宠爱她。陈后主过分荒淫，就连商讨国家大事，谈论朝政的时候都要把张贵妃抱在自己的膝盖上。隋军南渡之时，隋军大将都已经兵临城下了，南朝官员大臣都紧张应敌，陈后主竟然还在楼上和一些宠妃寻欢作乐，正是他的荒淫无道使得国家被灭亡。

王安石变法

王安石变法一直遭到很多争议，他的变法一定程度上取得效果，但是给宋朝百姓带来了更大的灾难。

王安石变法是为了挽救宋朝的统治，宋朝当时面临着严重的积贫积弱的局面，经济危机和军事危机沉重地打压宋朝的统治，王安石为了充盈宋朝国库，实行保马法和青苗法，大量征收百姓的苛捐杂税，使得百姓入不敷出，经济损失巨大，长期的受辱欺压，农民终于集体反抗。

这次变法是除商鞅变法之外的又一次大规模变法，其出发点和目的是好的，但是做法过于苛刻，对百姓的伤害程度太大，变法若是得不到民心，终究会以失败告终。虽然王安石变法是正确的，但是用人不当最终只能让美好的愿望破灭。变法本来是为了给百姓带来利益，让百姓过上好日子，而不是让百姓承担超重的经济负荷，所以，王安石变法最终以失败告终，这也为后世王朝提供了经验教训。

中国的四大古都分别是？（　　）

A. 西安、南京、北京、洛阳　B. 西安、南京、北京、上海　C. 西安、南京、重庆、洛阳

周邦彦，北宋末期著名词人，历官太学正、庐州教授、知溧水县等。

西河·金陵怀古

［宋］周邦彦

佳丽地[①]，南朝盛事谁记。
山围故国绕清江，髻鬟对起。
怒涛寂寞打孤城，风樯[②]遥度天际。
断崖树、犹倒倚，莫愁艇子曾系。
空馀旧迹郁苍苍，雾沉半垒。
夜深月过女墙来，伤心东望淮水[③]。
酒旗戏鼓甚处市？想依稀、王谢邻里，燕子不知何世，
入寻常、巷陌人家，相对如说兴亡，斜阳里。

“坐看风起云涌。”

这首词作于北宋末年，社会动荡不安，王朝危机四伏。词人身处其中，经历了人事变迁之沧桑，对王朝盛衰兴亡的悲叹之情油然而生。

“佳丽地”指故都金陵，“南朝盛世谁记”，南朝宋、齐、梁、陈四朝建都于金陵，曾经是繁华盛世，为下文写王朝衰落做铺垫。“山围故国绕清江，髻鬟对起”，前句以“清”字形容江水，此处用“髻鬟”比喻山峦，形象鲜明地突出了金陵的山清水秀、自然形胜。“怒涛寂寞打孤城，风樯遥度天际”，“怒涛”对“孤城”更显故都凄惨衰落，极目苍穹，风樯帆影，苍茫点点。“断崖树、犹倒倚，莫愁艇子曾系”，用倒倚断崖下的老树曾系过莫愁的小艇，不仅点明古迹，同时蕴含物是而人非，充满历史沧桑之感。“空馀旧迹郁苍苍，雾沉半垒”，词人怀念旧物，雾霭茫茫，遮没了半壁城垒。“夜深月过女墙来，伤心东望淮水”，女墙指城墙上带凹凸形的垛口或者射孔的隐蔽墙垛。这两句点明时间（夜深月下）、地点（女墙处），承上启下，引出下文的怀古之情。

“燕子不知何世，入寻常、巷陌人家，相对如说兴亡，斜阳里。”词人借燕子感叹不知世事变迁，颇耐人寻味，言虽尽但意无穷，引起对金陵故都人事变幻的无限感慨。

①佳丽地：指江南，更指金陵。②风樯：指代顺风扬帆的船只。
③女墙：城墙上的矮墙。伤心：一作“赏心”，指赏心亭。

燕的意象

古往今来，燕子这一意象经常出现在诗人或者词人的作品中。

燕子象征着美好的春天，从诗中“燕子来时新社，梨花落后清明”可以看出，诗人借燕子表达自己的惜春之情。燕子在空中一般是结伴同行的，所以它蕴含着真挚的爱情，如“思为双飞燕，衔泥巢君屋”，诗人借燕子来表达对郎君的思念之情。燕子也有表达对世事无常、昔盛今衰的感慨，如“旧时王谢堂前燕，飞入寻常百姓家”，则表达今日不及往昔的悲凉。最后，燕子还用来表达漂泊无依的羁旅之苦，如“有如社燕与飞鸿，相逢未稳还相送”，还未好好相见又要离别，充满了离别的无奈与愁苦。

“杂家”周邦彦

之所以说周邦彦是个杂家，是因为他注重吸取其他诗人的优秀之处，善于借鉴，“取其精华，去其糟粕”，从而将自己的诗词作品打造到惊艳极致。在周邦彦的词中，我们可以看到韦庄的清艳、温庭筠的秾丽、李后主的委婉含蓄、苏轼的豁达豪放、柳永的缠绵深情。他博采众长，词风不凡。然而这样一个杂家又善于写男女之间缠绵恻艳的爱情，在野史记事中，有一段记载是关于名妓李师师和宋徽宗及周邦彦的情史。

李师师向来和宋徽宗交好，有一次宋徽宗因生病不适，李师师误以为宋徽宗不会去看她了，于是她就邀请了当时堪称美男子的周邦彦，结果中途宋徽宗去了，周邦彦赶紧藏了起来，还作了一首《少年游》，这首诗是写宋徽宗和李师师的浓情蜜意的，后来这首诗被人认为是周邦彦的附和之词。

知识小问答

宋初三体是?（　　）

A. 白体、昆体、黑体　B. 白体、昆体、晚唐体　C. 白体、晚唐体、香山体

陈德武，南宋末年词人，著有《白雪遗音》。

水龙吟·西湖怀古

［宋］陈德武

东南第一名州[①]，西湖自古多佳丽。
临堤台榭，画船楼阁，游人歌吹。
十里荷花，三秋桂子，四山晴翠[②]。
使百年南渡，一时豪杰，都忘却、平生志。
可惜天旋时异[③]，藉何人、雪当年耻。
登临形胜，感伤今古，发挥英气。
力士[④]推山，天吴[⑤]移水，作农桑地。
借钱塘潮汐，为君洗尽，岳将军[⑥]泪。

“登临形胜挥英气，洗尽血泪雪前耻。”

南宋灭亡以后，作者写下这首西湖怀古之作。此曲通过对西湖景致的精细描绘，借南宋灭亡的血泪教训，抒发了作者对南宋君臣安于享乐从而导致国家灭亡的愤恨之情，也表达了对保家复国、匡扶大业的强烈渴望。

上阕回首名州西湖的怡人之景。首句直切本题，确立杭州“东南第一名州”的地位。后两句细腻描绘游人之乐及山川之美，将笔墨着重放在春秋两季，以点概面地衬托勾勒出西湖景致的特征。后一句陡然一转，似是将百年南渡、豪杰忘志都怪罪于西湖美景，而其实指南宋朝廷不思进取以致亡国。

下阕抒发雪洗国耻的强烈愿望。“可惜”二字承上启下，奠定感情基调，慨叹南宋君臣消磨斗志，忘却复国大业。“登临形胜，感伤今古”乃是全词主旨，怀念往昔，悲叹今朝。“岳将军泪”蕴含的是对奸臣误国的愤恨之泪，唯有借钱塘江水来洗尽血泪，一雪前耻，以慰忠臣烈士之亡灵。

全曲由怀古到伤今，由现实到幻想，由激愤到雄放，将写景、议论、抒情融为一体，以乐景衬哀情，用写景做铺垫，议论和抒情有的放矢，先扬后抑，奇情壮采，气势磅礴，是宋末元初词坛上的一篇爱国主义佳作。

①东南第一名州：指杭州。②晴翠：阳光下翠绿色的草和树。
③天旋时异：时代变异。④力士：传说中的神人。⑤天吴：传说中的水神。⑥岳将军：指南宋名将岳飞。

东南形胜，三吴都会——杭州

杭州是我国重要的历史文化名城，著名的八大古都之一。相传，大禹治水曾在此处舍航（杭）登陆，因此，杭州最早被称为“禹杭（余杭）”。秦始皇二十五年（前222年），秦设钱唐县。隋开皇九年（589年），废除钱唐郡，置杭州，杭州之名始自于此。开皇十一年（591年），隋文帝下令在凤凰山修建城池，这便是杭州最早的雏形。

唐朝时，为避国讳，将钱唐改为钱塘。隋唐时期的杭州，风景优美、物产丰盛，已是“余杭形胜四方无”的东南名郡。五代十国时期，吴越国治理杭州，社会安定，经济、文化发达，后不动干戈地将版图纳入宋朝。南宋升杭州为临安府，将都城迁至杭州，杭州从此作为全国的经济、文化、政治中心长达一个半世纪。杭州在当时不仅是全国闻名的大都市，也是世界上最繁华昌盛的城市之一。

清代的康熙、乾隆二帝在1689至1784年的近百年间，先后十一次南巡杭州游览西湖，更加促进了杭州的繁荣发展。民国十六年（1927年）设立杭州市。1949年5月3日，杭州迎来解放，杭州市人民政府成立，从此，古老的杭州焕发了新的光彩。杭州的历史文化积淀厚重，自然地理条件得天独厚，有“人间天堂”之美誉。

抗金忠国遭残害，岳飞血染满江红

南宋抗金名将岳飞，少时聪慧好学，十五岁开始学习武艺，二十岁参军投身于抗金护国的队伍中。一次，岳飞正带兵操练，金兵突然偷袭，众人十分慌乱，唯有岳飞十分镇定，带领队伍击败了数量多出几倍的敌军。经此一战，岳飞声名鹊起，入开封尹宗泽麾下。

宗泽见他战绩卓越，便将他提拔为东京留守统制，但东京留守杜冲是一个胆小怕死之人，金军来袭，他竟反叛投降。岳飞只好集结各路义军共同抗金，这支军队所向披靡，击退金兵，被称为“岳家军”。岳飞认为应该趁热打铁收复中原，向宋高宗提出收复之策，但宋高宗一心求和，岳飞此举遭到他的怀疑。岳飞一气之下辞职回乡，为母守孝，感慨“靖康耻，犹未雪。臣子恨，何时灭”（《满江红·怒发冲冠》）。

然而不久后，金军撕毁合约，再次进攻，宋高宗只好召回岳飞，在打了几场胜仗之后就命岳飞撤军还朝，岳飞坚决进军，宋高宗便撤销了他的兵权。此时，奸臣秦桧向宋高宗进谗言，污蔑岳飞谋逆、心生不轨，宋高宗便将岳飞父子严刑逼供，不久后，在风波亭将两父子秘密杀害。高宗死后，岳飞才沉冤得雪，世人将他安葬在西湖旁，为他修筑岳王庙，将秦桧的铜像放置在墓前，向岳飞赔罪。

《水龙吟·西湖怀古》中的“十里荷花，三秋桂子”援引于北宋柳永的（　　）一词。

A.《雨霖铃·寒蝉凄切》　B.《双声子·晚天萧索》　C.《望海潮·东南形胜》

本章知识小问答答案

第 71 页　正确答案：C. 九

第 73 页　正确答案：A. 管世铭

第 75 页　正确答案：A.《白鹭儿》

第 77 页　正确答案：B. 白下

第 79 页　正确答案：C. 赵

第 81 页　正确答案：A. 梁武帝

第 83 页　正确答案：B.《霓裳羽衣曲》

第 85 页　正确答案：C. 慷慨悲歌之士

第 87 页　正确答案：B. 薛雪

第 89 页　正确答案：C. 越国

第 91 页　正确答案：B. 杜甫

第 93 页　正确答案：D.《王风》

第 95 页　正确答案：C. 霍去病

第 97 页　正确答案：A. 西安、南京、北京、洛阳

第 99 页　正确答案：B. 白体、昆体、晚唐体

第 101 页　正确答案：C.《望海潮 · 东南形胜》

伤怀篇

『感时花溅泪，恨别鸟惊心』，感伤是诗人对社会、对历史、对百姓敏感细腻的一种体现。

骆宾王，字观光，婺州义乌（今浙江义乌）人，唐代诗人。

于易水①送人

［唐］骆宾王

此地别燕丹，壮士发冲冠②。
昔时③人已没，今日水犹④寒。

解读赏析 JIEDU SHANGXI

“风萧萧兮易水寒，壮士一去兮不复还。”

这是一首怀古的五言绝句，诗人跨越时空隧道，于慷慨激昂的歌声中送别壮士荆轲，“风萧萧兮易水寒，壮士一去兮不复还”，带着燕国太子丹的重托，带着万千壮士的豪情，荆轲踏上了一条不归路。历史书写了他的悲壮，而他也用自己的热血在史书上留下了惊心动魄的一笔。但是，岁月变迁，历史的车轮滚滚向前，不曾停歇，燕地的歌声已经消散在空中，荆轲的热血已经被历史的尘埃掩埋，易河的水依旧在流淌，仍然泛起千年前的寒气。一个“犹”字，写出了诗人内心的苍凉。

诗人在遭遇诬陷入狱之后，便对武则天怀有仇恨之情，因此他在诗中借荆轲的典故表达了对于荆轲壮举的敬佩以及功败垂成的悲愤，同时希望自己能有荆轲那样义无反顾的豪情壮志。

①易水：也称易河，河流名，位于河北省西部的易县境内。
②发冲冠：形容人极端愤怒，因而头发直立，把帽子都冲起来了。③昔时：往日，从前。④犹：仍然。

诗词AB面 SHICI AB MIAN

荆轲为何要刺秦王

战国末年，秦国改革变法，国力不断强盛后，便开始以武力兼并其他国家。公元前230年，秦国灭了韩国。公元前228年，秦国分解了赵国和燕国的联盟之后，占领了赵国都城邯郸，也夺取了燕国好几座城池。秦国的下一个目标就是整个燕国。正当燕国被秦国步步进逼的时候，之前在秦国做人质的燕国太子丹偷偷逃回燕国，在谋士的建议下，太子丹决定寻找刺客刺杀秦王并联合赵国残余势力共同抗秦。

荆轲为替太子丹复仇，也为了遏制秦国进攻燕国的步伐，带着樊於期的头颅、淬满毒的匕首以及燕国的地图，毅然决然地踏上不归路。太子丹和众宾客豪杰在易水为荆轲送别，高渐离击筑，歌声慷慨悲壮。后来在秦国大殿上，荆轲以一己之身刺杀秦王，奈何时也命也，刺杀失败，荆轲慷慨就义，秦国也加快了吞并的步伐，燕国最终消失在历史之中。

名人万花筒 MINGREN WANHUATONG

天才少年骆宾王与武则天的恩怨

说到骆宾王，大家应该并不陌生。早在孩童时期，我们必学的一首古诗，便是骆宾王七岁时所作的《咏鹅》：“鹅鹅鹅，曲项向天歌。白毛浮绿水，红掌拨清波。”七岁的天才儿童骆宾王在成长路上一直都是顶着光环的，但是少年成名有时并非好事，因为容易轻狂、浮躁，锋芒毕露，不受待见。

骆宾王最早在道王府里任职，便不受重用，后来转为长安主簿，也并不如意。之后更是上书议论天下事，得罪了武则天，被诬陷入狱。这次经历让骆宾王对武则天生出怨恨之情，后来武则天废除中宗自立为帝，他便加入了当时起兵反叛的徐敬业的阵营之中，成为徐敬业的幕僚。

在徐敬业的要求下，骆宾王写下了《代徐敬业传檄天下文》，也就是著名的《讨武曌檄》，这篇文章后来被武则天看到，武则天并没有过分追究，而是颇为赏识骆宾王的才学，还跟宰相惋惜这样的人才为何没有在自己身边。

《资治通鉴》中记载徐敬业起兵两个月失败被杀，而骆宾王一同被砍下头颅。但有的记载说他是投江而死，有的说他逃跑之后出家了，无论如何，骆宾王这个名字会永远留在历史当中，闪闪发光。

知识小问答

以下哪一个是骆宾王的雅号？（　　）

A. 獭祭鱼　B. 点鬼簿　C. 算博士

李商隐，字义山，号玉溪先生，晚唐诗人，与杜牧齐名，并称“小李杜”。

贾　生①

［唐］李商隐

宣室求贤访逐臣，贾生才调②更无伦。
可怜③夜半虚前席④，不问苍生问鬼神。

“文帝夜召问鬼神，可怜贾谊才绝伦。”

《贾生》是一首悼念咏叹西汉贾谊的诗歌，全诗围绕汉文帝宣室求贤，询问贾谊鬼神之事而展开，表达了对汉文帝徒知求贤不知善用的辛辣讽刺，对贾谊才高却未能得到重用的悲哀惋惜，作者托古讽今，借前朝旧事讽刺不问苍生问鬼神的当朝统治者，抒发了作者身世飘零、怀才不遇的深沉感慨。

诗歌第一句叙文帝宣室夜召贾谊之事，从正面褒扬了文帝求贤逐臣的举动，展现了一幅明主求贤、君臣遇合的美好画面，为下文转折埋下伏笔。第二句点题，突出表现贾谊的才调绝伦。第三句承接上文，刻画了文帝凝神倾听、聚精会神的情状，侧面衬托出贾谊的才华横溢、满腹诗书。“可怜”二字蕴含着对贾谊未能得到重用的惋惜同情。前三句蓄足声势，第四句急转直下，揭露了汉文帝抛开苍生问鬼神的真实面目，明君形象轰然坍塌，极度颂扬转变为真相揭露，大起大落间蕴含抑扬吞吐之妙。

全诗结构巧妙，情节跌宕起伏，层层推进，蕴意深刻，别具匠心。作者通过文帝贾谊宣室夜谈鬼神一事，讽刺不能知人善用的汉文帝，怜惜未能受到重用的贾谊，由此寄寓了对自身坎坷遭遇的悲叹，奏出一曲壮志难酬的哀歌。清代施补华在《岘佣说诗》中评价此诗“以议论驱驾书卷，而神韵不乏”。

①贾生：贾谊，西汉政论家、文学家。②才调：才能。
③可怜：可惜。④前席：古人席地而坐，移膝向前称前席。

古人的“坐”和我们的“坐”不一样

古人的坐姿和家具样式相互影响，在椅凳没有出现之前，人们称“坐”指席地而坐，两膝着地的跪姿；椅凳出现以后的“坐”指的是将臀部着于椅凳上，以支撑身体的姿势。最普遍的跪姿是坐时两膝着地，臀部压在脚跟上，如果两股直立，腰部挺直，就被称为危坐或长跪。还有箕坐，指坐时臀部着地，双足伸开，两手按在膝上，像箕状，古人认为这是一种傲慢、不尊敬人的表现。

由于跪态坐姿容易疲惫，膝盖承受的压力大，所以必须在地上铺设席垫，在身旁还设有矮而狭长的“几”，在疲惫时可以倚靠休息，因此，几席设施是椅凳出现以前古人的必备坐具。汉代时人们开始使用“榻”，榻与席平行，坐榻与坐席一样以跪姿最为庄重有礼，“榻”的出现并没有改变人们的坐姿。

真正影响古人坐姿的是“胡床”，是一种形制很小的坐具，四足两两交叉，由绳或布绷成床面，可收张自如，似现在的“马扎”。胡床由胡地传入，刚开始只在野外使用。人们无法跪于胡床之上，只能两腿张开跨坐，这种坐姿从未有过，称为“胡坐”。至南唐时，已经出现了杌子（凳子）和椅子，椅凳广泛使用后，席榻矮几就不利于使用了，于是“桌子”应运而生，也就完成了从跪姿到坐姿的演变。

“为人臣而竭其忠兮，为人师而殉之以死”——贾谊

贾谊是西汉文帝刘恒时著名的政治家、文学家，年少才高，满腹经纶，时人称他为贾生。汉文帝召集群臣讨论政令、进行议事的时候，贾谊能够头头是道地阐明对策，因此很受汉文帝的重用，贾谊也经常上疏谏言。但贾谊的举措触动了朝中一些权贵的利益，他遭到群臣的忌恨。这些守旧大臣经常在文帝面前诽谤贾谊独断专行，扰乱朝纲，文帝听信谗言，疏远了他，不但没有采纳贾谊的建议，反而将他贬谪为长沙王太傅，远离京城。

几年后，文帝想起贾谊，召他回京。贾谊进宫谒见之时，文帝正坐在宣室中举行诸神赐福的仪式，感于鬼神之事，便询问他。贾谊娓娓道来，文帝如痴如醉，到半夜不顾君臣之礼，不由自主地与贾谊凑到了一块，感叹自己许久没见贾谊，自认为已经超过了他，但没承想还是赶不上他。

文帝便封贾谊为梁怀王太傅，教导怀王刘揖。怀王是文帝的小儿子，深受宠爱，喜好读书，文帝打算传位于他。贾谊深感重任，便竭其所学用心教导怀王，同时不断给文帝上疏，批评时政，主张重农抑商，轻赋少事，提出的方针政策促进了汉代发展。但怀王在几年后不幸坠马而亡，也没有继承人，贾谊自责内疚，悲痛万分，一年多以后，贾谊忧郁而死，年仅三十三岁。

知识小问答

贾谊是汉代辞赋第一人，鲁迅称之“西汉鸿文”，以下哪一部不是他的作品？（　　）

A.《吊屈原赋》　B.《楚望赋》　C.《两都赋》

杜牧，字牧之，号樊川居士，唐代诗人，与李商隐并称“小李杜”，著有《樊川文集》。

登乐游原

［唐］杜 牧

长空澹澹①孤鸟没，万古销沉向此中。
看取汉家何事业，五陵②无树③起秋风。

解读赏析 JIEDU SHANGXI

“只是近黄昏。”

像唐代所有以建功立业为使命的诗人一样，杜牧亦有一颗报国济世的心。然而盛唐繁华已逝，念及古代王朝盛极而衰的命运，身处晚唐的杜牧忧心不已。他来到乐游原，抒发心中那深沉而悲凉的感慨，便有了这首《登乐游原》。

此时的乐游原，又是一幅什么景象呢？诗人登上乐游原最高处，抬望眼，只见天高云淡，辽阔的长空中，盘旋着几只孤鸟，忽左忽右，忽高忽低，在向南的方向渐渐消失。诗人心弦颤动，消失在长空中的孤鸟不正如湮灭在乐游原中的帝王功勋与历史记忆吗？“长空”与“万古”相对，变化的是孤鸟，是王侯将相历史浮沉，不变的是长空，是乐游原。

忆往昔，汉代的丰功伟业是何其辉煌。而今朝，坐落在五陵的汉代帝王墓，荒芜寥落，衰草连天，只余秋风瑟瑟、树叶沙沙。

诗人因伤今而怀古，借怀古而喻今。古与今的对比，盛与衰的变迁，瞬间与永恒的变幻，无不让诗人陷入苦苦的思索。诗人担忧，盛极而衰的历史场景将再次上演；诗人害怕，现在的唐朝终将像从前的汉朝一样成为历史；当然，诗人更多的还是无奈，一己之力太过渺小，毕竟，真正能够挽狂澜于既倒的又有几人呢？

①澹澹：广阔无边的样子。②五陵：汉代五个皇帝的陵墓。
③无树：即每棵树。

小李杜为何连登乐游原

乐游原究竟有什么魅力，让世称“小李杜”的李商隐和杜牧接连来到此处并留下名篇?

其一，在长安城中，乐游原地理位置好，徐松在《唐两京城坊考》中说其“居京城之最高，四望宽敞，京城之内，俯视指掌”，是登高望远的极佳选择。

其二，作为汉王朝的遗迹，乐游原经历了汉王朝从繁荣兴盛到日渐衰微的过程，有着非同寻常的象征意义。

其三，李商隐和杜牧所处的年代已是晚唐时期，大唐繁华落尽，国运衰颓，两位诗人的怀古目光里，都是对现状的担忧，恰如李商隐所说：“夕阳无限好，只是近黄昏。”乐游原也因此成为诗人们抚今追昔的情感寄托。

年少多情杜牧之

杜牧是个多情的人，这从他的诗作中便可窥见。《张好好诗》《杜秋娘诗》《叹花》是杜牧的真情流露之作，诗人在不同的地点分别遇到这三位女子，他爱慕张好好，同情杜秋娘，惦念旧时人，可最终却都没有缘分。

在洪州，杜牧结识了张好好。当时，杜牧与沈氏兄弟交往密切，而张好好即是沈家的一名歌女。经常到沈家拜访的杜牧，自然与张好好频频相遇，杜牧情愫暗生，但还没来得及表达心意，张好好便成了沈家的妾室。多年之后再见，只剩感旧伤怀。

在金陵，杜牧遇见了杜秋娘，这位相传因作《金缕衣》而名噪一时的传奇女子，少时明艳妩媚，一生身不由己，成为统治阶级政治角逐的牺牲品。从云端跌落谷底的杜秋娘，晚景甚是凄凉。杜牧“感其穷且老”，心中生出无限怜惜。

后来，杜牧在湖州相中了一个十几岁的姑娘，与其立下十年之约：十年之后，必来迎娶。而历经十年宦海生涯，辗转多方的杜牧始终未能再到湖州。直到十四年后，杜牧才出任湖州，尽管他第一时间找寻旧人，仍然未能如愿缔结婚姻，因为对方已于三年前嫁与他人。曾经以为可以共度一生的人，终究也成为杜牧一生的遗憾。

“雄姿英发”是刘熙载对以下哪位诗人诗作的评价？ （　　）

A. 杜牧　B. 李绅　C. 李白

温庭筠，原名岐，字飞卿，唐代诗人、词人，“花间派”代表人物。

过陈琳①墓

［唐］温庭筠

曾于青史见遗文，今日飘蓬②过此坟。
词客有灵应识我，霸才无主独怜君。
石麟埋没藏春草③，铜雀荒凉对暮云。
莫怪临风倍惆怅，欲将书剑学从军。

“飘然而来，声泪俱下。”

咏史怀古往往是自抒胸臆。温庭筠的这首《过陈琳墓》也不例外。

首联“曾于青史见遗文，今日飘蓬过此坟”。首句说在史书上拜读过陈琳的文章，敬仰之情流露于表。接着正面点题，说自己飘流蓬转的生活中恰好经过此地。“飘蓬”二字，暗透出不甘，暗示了诗人的际遇，而这种感慨又是紧密联系着陈琳这位前贤来抒写的。两者有对比。

颔联“词客有灵应识我，霸才无主独怜君”。词客是指陈琳。一个“应”字意味深远。陈琳若有在天之灵，想必会懂“我”这个飘蓬才士吧。这里既有诗人对自己才华自信的一面，也有才士惺惺相惜、异代同心的一面。“霸才无主”是指诗人自己。因为陈琳霸才有主，有人赏识。对比自己却埋没于此。所以“独怜君”，“怜”这里是羡慕、钦羡之意。

颈联“石麟埋没藏春草，铜雀荒凉对暮云”。悲从中来，昔日才士陈琳墓如今也埋藏在春草丛中，暗示当代的不重才士，任凭一代才人的坟墓芜没荒废。曾经广纳贤士、重用陈琳的曹操所建的铜雀台，也只留下荒凉的遗迹。表达了诗人对那个重才、爱才、有才时代的怀恋。言外之意就是对当今时代的不满，和对自己怀才不遇的无奈。

尾联“莫怪临风倍惆怅，欲将书剑学从军”。怀才不遇，弃文从武。然而，即使弃文从武，又怎知会不会被重用呢？想来更为惆怅了。

①陈琳：汉末建安七子之一。②飘蓬：一作“飘零”。诗人用以暗指自己迁徙不定。
③石麟：石麒麟，陵墓前石雕的麒麟。春草：一作“秋草”。

陈琳何许人也

东汉末年建安七子之一的陈琳，是当时有名的才子，擅长章表书记。最开始的时候担任何进的主簿，曾献计诛灭宦官，但不被采纳。后来归入袁绍旗下，写下赫赫有名的《为袁绍檄豫州文》，据说曹操读后“竟惊出一身冷汗，翕然而起，头风顿愈”。

袁绍兵败后，陈琳不得已归附曹操。幸运的是曹操是一个爱才之人，不计前嫌，甚至委以重任。陈琳在曹操幕府中担任司空军谋祭酒、管记室职务等，仍然从事编写军国文书、檄文工作，颇受曹操赏识。据说，陈琳的文笔很好，所以每次陈琳的文章拿到曹操的手中后，本身就是文学家的曹操总会赞叹不已，“竟不能为之增减一字”。

温庭筠为何怀才不遇

温庭筠虽然才名远扬，其一生潦倒失意，却是不争的事实。所以他笔下的很多诗篇都充斥着怀才不遇、飘零不偶的论调。为何如此有才华的温庭筠却失意落魄呢？原因有两个方面。一是温庭筠恃才傲物，桀骜不驯，很多时候都会依着自己性子，率性而行。据记载，温庭筠在担任国子助教期间，好不容易当上了主考官。但是他恃才放旷，摒弃科考潜规则，“乃榜三十篇以振公道”，选了三十多篇优秀的考场作文张榜贴出，请百姓监督。这种做法自然得罪权贵，于是乎他被贬为方城尉。

二是据传温庭筠声名狼藉。作为花间派鼻祖，温庭筠长期出入青楼娼馆，厮混于烟花柳巷之地，自然为人所不齿。《旧唐书》云，“不修边幅，能逐弦吹之音，为侧艳之词”。后来还因在青楼与人发生争执被巡逻殴打，丑态尽出。相传温庭筠流连扬州之时，有一个官员名为姚勖，很欣赏他的才华，用金钱资助温庭筠，希望他发愤苦读，能考中进士。没有想到温庭筠拿到这笔钱，没有用于科考读书，反而是召集狐朋狗友，倚红偎翠，挥霍而空，令姚勖大失所望。

“曾于青史见遗文”中的“青史”原指？ (　　)

A. 竹简　B. 史书　C. 笔墨

袁枚，字子才，号简斋，又号随园主人，清代诗人。

马嵬[①]

［清］袁枚

莫唱当年长恨歌[②]，人间亦自有银河[③]。
石壕村[④]里夫妻别，泪比长生殿上多。

“唐杨荒诞致国乱，石壕夫妻泪分离。”

作者于乾隆十七年（1752年）赴陕西候补任官，途经马嵬时赋诗四首，此乃其一。这首诗歌巧用《长恨歌》《石壕吏》等名篇作为对照，将唐玄宗和杨贵妃的爱情故事与石壕夫妻的生离死别对比，表达了作者认为安史之乱的真正受害者是平民百姓的观点，体现出作者对人民的关心同情及民贵君轻的思想。

前两句主要引用白居易的名篇《长恨歌》，但“莫唱”开门见山地反映出作者和白居易截然相反的态度。作者认为唐玄宗和杨贵妃的爱情并不值得吟咏，他们的死别悲剧是因荒淫误国而导致的。而“银河”象征的人间百姓不能团圆，为下文的夫妇离别做铺垫。

后两句化用杜甫佳作《石壕吏》的典故，描写了石壕村夫妻挥泪别离的场景，一针见血地指出石壕村这对夫妻的感情比唐杨要深远真挚，强调他们是唐杨造成灾难后果的无故背负者，涵盖了强烈的社会意义。尾句“长生殿”照应开头，串联全诗。

这首诗歌语言通俗易懂，对比鲜明强烈，主题深刻含蓄，用典自然贴切，以增强诗歌的形象性，立意高妙。作品反映了百姓的悲惨遭遇，表现了作者对民生疾苦的关心，对人民百姓的深切同情。

①马嵬：马嵬坡，位于今陕西兴平县。②长恨歌：白居易诗篇名。
③银河：指牛郎织女的传说。④石壕村：位于今河南陕县。

杜甫夜宿石壕村，见证百姓生离别

唐肃宗乾元二年（759年），唐军与安史叛军交战大败，为了补充兵力，便在洛阳以西至潼关一带强行征兵，百姓苦不堪言。诗人杜甫正从洛阳赶往华州（今陕西渭南），经过潼关，傍晚时到达石壕村，见天色已晚，杜甫便在这里投宿歇息。

到了深夜，杜甫被一阵吵闹声惊醒，仔细一听，原来是官吏趁夜深人静的时候抓人充军。他悄悄地来到院子，躲在暗处，这时他瞧见院子东边的墙壁上有一道黑影闪过，原来是那家的老头慌忙逃跑了。老妇人看见老头逃走后才慌张开门，这时官吏已经将门撞开，质问妇人，家中男丁何在，老妇人便说自己的三个儿子都从军了，有一个儿子捎信回来说另外两个儿子已经死了，家中只剩下自己。

这时，屋里传来一阵婴儿哭声，官吏发觉不对就要上前查看，妇人说屋中是自己刚成了寡妇的儿媳。官吏便说，要带走一个人去军营里烧火做饭，妇人为了不让他们带走儿媳，便挺身而出，跟官吏走了。

第二天清晨，逃跑的老头又回来了，跟杜甫诉说一家人的不幸。杜甫不忍再听，便和老人家告别，匆忙赶路。但是杜甫的心里久久不能平静，石壕村发生的一切还历历在目。于是，他怀着悲愤挥笔记录下来，写成一篇反映战乱中苦难百姓疾苦的名篇——《石壕吏》。

袁枚题壁作和诗，不知篁村是何人

乾隆十七年（1752年），袁枚在赴京途中，路过良乡（今北京市良乡镇），在旅馆中看见一首题壁诗，诗曰："满地榆钱莫疗贫，垂杨难系转蓬身。离怀未饮常如醉，客邸无花不算春。欲语性情思骨肉，偶谈山水悔风尘。谋生销尽轮蹄铁，输与成都卖卜人。"诗末还有"篁村"二字。这首诗抒发了诗人离家的游子心声，袁枚感同身受，便在旁作下一首和诗："天涯鸿爪认前因，壁上题诗马上身。我为浮名来日下，君缘何事走风尘？黄鹂语妙非求友，白雪声高易感春。手叠花笺书稿去，江湖沿路访斯人。"但是"访斯人"不是件简单的事，"篁村"二字似乎只是作者别号。

之后，袁枚便风尘仆仆地赴京了，事务繁杂的袁枚渐渐淡忘了这件事情。乾隆二十八年（1763年），扬州太守劳宗发造访袁枚，告诉袁枚自己曾因公回到良乡，见到袁枚与篁村的题壁，而店主为了迎接制府大人正打算粉刷墙壁，他很喜欢这两首诗，便请店主保留下来，店主感到十分为难。劳宗发便把两首诗抄给这位制府看，制府看后也十分欣赏，于是题壁就被保留下来。袁枚听后才回忆起良乡题壁和诗这件事情，劳宗发将这两首诗都背诵给他听，袁枚十分高兴，而"篁村"究竟是何许人也，仍不得而知。

乾隆年间，袁枚、赵翼、（　　）三人齐名，并称"江右三大家"。

A. 纪昀　B. 蒋士铨　C. 刘墉

杜甫，唐代伟大的现实主义诗人，被世人尊为“诗圣”，其诗被称为“诗史”。

咏怀古迹五首·其一

［唐］杜 甫

支离东北风尘际①，漂泊西南天地间。
三峡楼台淹日月，五溪衣服共云山。
羯胡②事主终无赖，词客哀时且未还。
庾信平生最萧瑟，暮年诗赋动江关③。

解读赏析
JIEDU SHANGXI

“同是天涯沦落人。”

此诗写于安史之乱之后，表现了诗人流离失所的悲凉惆怅之感。

首联“支离东北风尘际，漂泊西南天地间”，总写了安史之乱后当时的社会现实：关中兵荒马乱，百姓流离失所。诗人为躲避战乱，在西南一带漂泊。颔联“三峡楼台淹日月，五溪衣服共云山”，为我们展现了另一幅生活画卷，房屋依山而建，层层高耸而上，仿佛要把日月遮蔽了。山区百姓身穿带尾形的五色衣服同云彩和山峦共居同住。这两句表面上是客观陈述，却暗示了诗人漂泊的孤独感。颈联讲明了支离漂泊的原因，也点明了作品的时代背景。此两句咏怀与咏史之意兼而有之，既是自己咏怀，也是代古人庾信咏怀。杜甫遭禄山之乱，庾信亦值侯景之乱；杜甫支离漂泊，庾信亦被留北朝，两者经历极为相似。

尾联承接上联，说庾信长期羁留北朝，常有萧条凄凉之感，到了暮年一改诗风，由原来的绮靡变为沉郁苍劲，常发乡关之思，其忧愤之情感动“江关”。诗人杜甫同样远离家乡，欲归而不得，所以才会想到庾信，才会有“同是天涯沦落人”的感慨。

①支离：流离。风尘：指安史之乱以来的兵荒马乱。②羯（jié）胡：古代北方少数民族，指安禄山。
③江关：指荆州江陵。

“南北之胜”的庾信

庾信是南北朝时期著名文学家，父亲庾肩吾为南梁中书令，故自小就与父亲出入宫廷，既让他有机会读到更多的书，也让他自小就能与上层人物接触，为他后来的诗名打下基础。

侯景之乱时，他逃往江陵。后奉命出使西魏，被迫留在长安。北周代魏后，因陈朝与北周通好，流亡之人得以归还故国，但庾信仍然不得回南方。庾信在北方身居显贵，被尊为文坛宗师，与诸王侯将相结为布衣之交。但又深切思念故国乡土，为自己身困敌国而羞愧，因不得自由而怨愤。庾信本是南方人，有深厚的南方文化基因，后长期留在长安，接受诸多北方文化因素，于是形成了自己独特的文化基因，后人称之为“南北之胜”。

安禄山为何要造反

安禄山造反给唐朝带来致命的打击，唐玄宗和杨贵妃都非常喜欢这个干儿子，待他也不薄，他为什么要造反呢？有人提出是因为安禄山垂涎杨贵妃美貌，这种说法是站不住脚的，稍微有头脑的人也不会跟皇帝争女人，何况是以造反为代价。其实研究者发现，当时不少胡人都非常羡慕唐朝的物产丰富，安禄山作为胡人，也不免有这种心思。后来他手上有兵权，而且骁勇善战，在欲望膨胀到一定程度的时候，造反也合情合理了。总结起来无非两点：一是欲望无限膨胀，二是手上有强大的兵权。

豪放的杜甫

杜甫被后人尊为“诗圣”，他的诗歌多是写实的，对研究安史之乱后的民生有很大的参考价值。其实杜甫并非都是以悲苦的形象出现在读者面前，他也有豪放的一面。

杜甫十九岁时开始游历天下，遍赏祖国大好河山的同时，对他的思想产生了一定的影响。在感受自然美好的同时，其内心的豪放之情也在慢慢酝酿中，他的诗歌中也多有表现，只是我们把目光都集中在他的写实作品上了。

《望岳》中的“岱宗夫如何？齐鲁青未了”，用宏大物象营造出阔大超脱的境界，给人以大气磅礴、豪迈奔放之感。“会当凌绝顶，一览众山小”更是充满直入云霄的凌云壮志和俯视一切的雄心气概，其豪放之情在诗中自然流露。与李白的“飞流直下三千尺，疑是银河落九天”的豪放之感也是不相上下的。

《壮游》诗中，诗人称年轻时“性豪业嗜酒，嫉恶怀刚肠”“放荡齐赵间，裘马颇清狂”“春歌丛台上，冬猎青丘旁”，这应该是他游历生活的写照，字里行间流露出何等豪放之情！“气劘屈贾垒，目短曹刘墙”，将屈原、曹植、贾谊等古代伟大的文学家都不放在眼里，足见杜甫狂妄起来也是不可小觑的。

因此，在我们认识写实的杜甫的同时，也要了解他豪放的一面。

用“沉郁顿挫”四字概括自己的作品风格的是哪位诗人？（　　）

A. 杜甫　B. 王维　C. 白居易　D. 孟浩然

杜审言，字必简，大诗人杜甫的祖父，唐代“近体诗”的奠基人之一。

登襄阳城

［唐］杜审言

旅客三秋[①]至，层城四望开。
楚山横地出，汉水接天回。
冠盖[②]非新里，章华即旧台。
习池风景异，归路满尘埃。

“闳逸浑雄，少陵家法婉然。”

此诗首联点明题意，身在异乡，登城远望；颔联和颈联紧承“回望”之所见，写出大自然的开阔雄浑，有历史陈迹的没落破败；尾联承接上文的沧桑之意，表达了作者无所归属的悲哀之情。全诗借景抒情，写景气势磅礴，格调清新鲜明。

首联写诗人登临襄阳城楼的瞬间感受，心胸豁然开朗，壮美山川景色尽扫游子心头愁云。颔联紧接着具体描绘诗人眼前的山川美景，楚地山川横亘，绵延不断。汉水浩荡势如接天，群山错落连绵，如同横地而卧。汉水宽广浩渺萦山绕郭，曲折流向东南，仿佛连天纡回。“出”字、“回”字与“横地”“接天”相组合，表现出山川的动态美。胡应麟评这联诗说：“闳逸浑雄，少陵家法婉然。”

颈联转入了怀古抒情，属于虚。“非新里”“即旧台”，是诗人想象中的景色。当年修筑章华台的楚灵王，云集冠盖里的汉代达官贵人，如今也不过只留下这古迹罢了。荣华富贵岂能久长？诗人胸中的不平之气，化为这“身外即浮云”的一声长叹！

尾联以写景作结。“归路满尘埃”这五个字的结句，描绘出一幅清秋黄昏游人倦归图，制造了一个迷惘、令人惆怅的意境。不难想象，远役中的诗人茕茕孑立楼头面对此景，情何以堪。诗人将怀古之慨隐寓景里，思归之情深蕴境中。

①三秋：指九月，即秋天的第三个月。王勃《滕王阁序》：“时维九月，序属三秋。”
②冠盖：里名，据《襄阳耆旧传》载，冠盖里得名于汉宣帝时。冠和盖都是官宦的标志。

章华台

章华台，又称章华宫，是楚灵王六年（前535年）修建的离宫，后毁于兵乱。这座“举国营之，数年乃成”的宏大建筑，被誉为当时的“天下第一台”。史载章华台“台高十丈，基广十五丈”，曲栏拾级而上，中途得休息三次才能到达顶点，故又称“三休台”；又因楚灵王特别喜欢细腰女子在宫内轻歌曼舞，不少宫女为求媚于王，少食忍饿，以求细腰，故亦称“细腰宫”。《左传》《国语》《韩非子》《史记》《汉书》《后汉书》等文献中均有记载。

习家池

习家池，又名高阳池，位于湖北襄阳城南约五公里的凤凰山南麓，是东汉初年襄阳侯习郁的私家园林，距今已有近两千年的历史。是中国现存最早的园林建筑之一，被誉为“中国郊野园林第一家”，是被《园冶》奉为典范的“私家园林鼻祖”。习家池建于东汉建武年间（25—56年），襄阳侯习郁，依春秋末越国大夫范蠡养鱼的方法，在白马山下筑一长六十步、宽四十步的土堤，引白马泉水建池养鱼。习家池中圆台上建有重檐二层六角亭，俗称“湖心亭”。其周绕以雕花石栏，凭栏可赏出水芙蓉和悠然游鱼。

大唐自恋第一人

要给唐朝自恋的人排个顺序，杜审言毫无疑问是第一位。

苏味道担任天官侍郎的时候，杜审言有一次参加官员的预选诗判。出来之后他对旁人说：苏味道必死！听者大为震惊，忙问缘故。杜审言从容答道：待他读到我的判诗，定会自愧不如，羞愧而死。这不是一般自恋呀，连上级长官都不放在眼里，更何况苏味道还是当时首屈一指的文章大师。杜审言从来大话连篇，他还说过“我的文章可以使屈原宋玉当手下，我的书法可以使王羲之当学生”，这份狂妄当真是不死不休。

都说人之将死，其言也善，杜审言临终时的善言简直令人哭笑不得。当时宋之问、武平一来病榻之前探望，杜审言对二人语重心长地叮嘱说：“我受尽造化小儿的折磨，也没什么可说的。只是在我活着的时候，你们永远也出不了头，现在我快要死了，最遗憾的就是找不到能够接替我的人哪！”每个人都会自恋，但是像杜审言这样连死前都要自恋一把的人实在不多。估计宋之问他们也在后悔来看他吧。

杜甫有诗“语不惊人死不休”，从某种程度上讲，也是遗传了祖父的基因。但是谁叫他们都是唐朝屈指可数的大诗人呢？再自恋也是有道理的。

被方回并称为“唐人律诗之祖”的是？（　　）

A. 宋之问、陈子昂、杜审言、沈佺期　B. 宋之问、陈子昂、杜审言、王勃

C. 卢照邻、陈子昂、杜审言、沈佺期

李商隐，唐朝著名诗人，与杜牧合称“小李杜”，与温庭筠合称“温李”。

潭州

［唐］李商隐

潭州官舍暮楼空，今古无端[①]入望中。
湘泪[②]浅深滋竹色，楚歌重叠怨兰丛。
陶公[③]战舰空滩雨，贾傅承尘破庙风。
目断故园人不至，松醪一醉与谁同。

“言之所及在古，心之所伤在今。”

诗人独自居于潭州官舍，暮色来临时不免觉得寂寞凄凉，不禁触景生情，表面上是在吊古，实则伤今，即所谓言在此而意在彼。

首联“潭州官舍暮楼空，今古无端入望中”。傍晚时分，诗人独自登上官舍的空楼，一个“空”字侧面反映了诗人的孤独寂寞，看到眼前的景色，诗人不禁感慨古今。颔联“湘泪浅深滋竹色，楚歌重叠怨兰丛”。高高的九嶷山上有故君的墓丘，滋润竹色的泪痕记录着心中的哀愁。望“竹色”而怀“湘泪”，借二妃事而哭武宗；见“兰丛”而怀“楚歌”，借屈原事而刺宣宗、白敏中。所谓“怨兰丛”，就是怨排斥异己，贬逐会昌有功旧臣的白敏中等人。颈联“陶公战舰空滩雨，贾傅承尘破庙风”，上句借陶侃暗寓会昌有功之将帅之遭冷遇，下句则以贾谊长沙事暗寓会昌有功文臣之遭贬斥，这些旧事引发诗人无限感慨。尾联“目断故园人不至，松醪一醉与谁同”。诗人在故园苦苦等着约定好的人，一直没有人来，诗人准备了潭州特产松醪名酒，却没有人与之开怀畅饮，一醉方休。这里强烈表达了诗人知音难遇、无人倾诉的孤独与寂寞之情。这首诗表面上是怀古，其实在感叹自己身世凄凉，所以陆昆曾谓这首诗“言之所及在古，心之所伤在今”。

①无端：没来由地。②湘泪：传说舜南巡，死于苍梧之野。他的两个妃子哭舜，泪滴竹上，遂生斑点，所以称湘妃竹。③陶公：指东晋陶侃，其墓在今湘潭。

湘妃

传说湘妃是舜帝的两个妃子，也是尧帝的两个女儿，一个叫作娥皇，另一个叫作女英。这两位具有传奇色彩的女性帮助大舜成功登上王位，她们贤良淑德，在舜即位后，希望舜以德服人，对于那些敌人采取宽容的态度，主张用美德来巩固统治，所以湘妃的美好品质广泛受到民众赞颂。湘妃生前如此贤良，死后却性情大变，她们死后总是出现奇风怪雨的天气，在她们死去的地方也经常出现古怪的神仙。这对湘楚人民的生活带来很大影响。

有气节的竹子

自古以来竹子就被无数文人墨客称颂，它以不俗的气节向我们展示着可贵的品质。竹子一年四季皆保持翠色，遇风霜而不折，如傲雪高洁的梅花，似铮铮铁骨的男儿。竹子内部是空心的，这代表它的虚心与谦逊。苏东坡先生“宁可食无肉，不可居无竹”；关羽用一幅墨竹画向曹操表明自己的志气；诗人郑燮通过赞扬竹子的精神来表达自己不屈不折的品质。可见竹子自强不息、谦逊脱俗的精神值得我们深入学习与研究。

李商隐人生的最后一首诗

晚唐时期的李商隐绝对是赫赫有名的大诗人，只是他的一生遭受挫折，总体来说是不如意的。在诗人众多的诗歌中，哪一首是他最后的诗歌呢?

年轻时他与妻子相濡以沫，其妻的去世给了诗人沉重的打击。公元857年，此时诗人妻子去世已经有六年了，四十四岁的李商隐来到曲江。想到自己在仕途上依然没有突破，还在给人做幕僚，与他的人生志向相去甚远。秋天某一日，独自在曲江边漫步，衰草萋萋，秋风瑟瑟，他又想起亡妻，于是张口吟道:

荷叶生时春恨生，荷叶枯时秋恨成。

深知身在情长在，怅望江头江水声。

这就是《暮秋独游曲江》，后人在提到李商隐的时候基本上都会想起这首诗。此诗虽然不长，却表达了诗人内心复杂的情感，个人的孤独、思妻的痛楚、身世的飘零、征途的哀叹一起涌上心头，成就这首千古佳作。全诗将内心的遗憾之情，表露得淋漓尽致。在诗歌中我们仿佛感受到李商隐万念俱灰的心境，大约半年之后，诗人与世长辞，享年四十五岁。纵观诗人一生，此诗是绝笔之诗，更是诗人绝命之诗，读者无不为之动容。

贾谊庙在下列哪个城市?　　（　　）

A. 长沙　B. 重庆　C. 天津　D. 武汉

李白，字太白，号青莲居士，唐代浪漫主义诗人，被后人誉为“诗仙”。

乌栖曲①

［唐］李　白

姑苏台②上乌栖时，吴王宫里醉西施。
吴歌楚舞欢未毕，青山欲衔半边日。
银箭金壶③漏水多，起看秋月坠江波。
东方渐高奈乐何！

“欢娱嫌日短，寂寞恨更长。”

黄昏日落，乌鸦栖息，姑苏台上，吴王的春宵宫灯火通明，婉转的歌声从宫殿中传出，映着灯火，依稀可见曼妙的舞姿在殿中舞动。宫殿里，美人西施两颊绯红，醉态蒙眬。殿前吴歌未散，歌姬美艳娇羞，吴王还没有尽兴享受，却发现宫外青山起伏，夕阳西坠，暮色将至。一个“衔”字运用了拟人的手法，赋予了青山以人的情态，将山峰挡住落日的景象生动形象地表现了出来。

更漏的水在铜壶里一点一点流着，银箭的刻度一点一点上升。在吴王和西施尽情欢乐的时候，时间缓缓流逝，等到宫里的人起身看向外面的时候，已经是秋风萧萧，月落江波了，远远望去，东方天空似乎已经有一点点泛白。

诗人巧妙运用日月暮色的起落变化来表达时间的流逝，日落月升，月落日起，循环往复，并以此来讽刺宫廷里纵情享乐的淫靡生活。

①乌栖曲：乐府《清商曲辞》西曲歌调名。②姑苏台：吴王夫差所建，上建春宵宫，为长夜之饮。
③银箭金壶：指刻漏，为古代计时工具。

西施的晋级之路

西施是中国古代四大美人之一，春秋时期越国人。她本是一位浣纱女，长得十分美丽。当时勾践被迫屈服于吴王，等到回国之后，便派范蠡在越国中寻找年轻貌美的女子，以图复国大计。范蠡在苎萝村遇到了西施和郑旦两位美人，打算将两人带回去复命。据说在短暂的相处中，他与西施坠入爱河。然而文种的到来给两个人当头一棒，他要将郑旦和西施都带回会稽，教习歌舞，献给吴王夫差，实施美人计。

西施被训练三年之后进献给了吴王，当吴王看到包装过的西施时，立即被迷得神魂颠倒。吴国的臣子比较理智，他们劝诫吴王不要接受这个美女。但是吴王这个时候已经被胜利和欲望冲昏头脑，根本不理会大臣的劝告，就将西施带回宫内，夜夜笙歌，不理朝政，终于走向亡国丧身的结局。

越王勾践与吴王是什么关系

春秋末年，诸侯争霸。在吴越争霸之前，主角是晋楚两国。晋国与楚国当时力量较为均衡，他们为了打败对方，就拉拢其他国家增强自己的力量，晋国拉拢吴国，楚国联合越国。

本来吴国是一个经济、文化都较为落后的蛮夷之国，在晋国的支持和吴王阖闾身边众多有才之士的努力下，吴国的国力不断强盛。之后便开始不断进攻楚国，楚国为了自保，便联合越国抗击吴国，因此吴越之战开始。

公元前496年，越王勾践刚刚继位，吴国起兵攻越。两军交战之时，越国使用罪人在阵前集体自杀的行为，震慑住吴国，并找准时机刺伤领兵的吴王阖闾，吴王阖闾在败退途中去世，他的儿子夫差继位。杀父之仇不共戴天，夫差回国休整两年之后，派出精兵攻打越国。

越王勾践三年，吴王夫差在夫椒击败越国，越王勾践受吴军围攻，被迫向吴国求和，并入吴为质，称臣于吴国。但是勾践从来不曾真正屈服，他卧薪尝胆，砥砺自己谋求复国机会。后来吴王夫差被勾践的低姿态蒙蔽，就将之释放回国。勾践回国后，立即召集大臣，商讨灭吴大计。最终，越王灭了吴国，夫差也羞愤自杀。

越王勾践身边的能人范蠡和文种原来是哪国人？ (　　)

A. 齐国　B. 楚国　C. 晋国

李贺，字长吉，唐朝诗人，有“诗鬼”之称。

金铜仙人[1]辞汉歌

［唐］李　贺

魏明帝[2]青龙元年八月，诏宫官牵车西取汉孝武捧露盘仙人，欲立置前殿。宫官既折盘，仙人临载，乃潸然泪下。唐诸王孙李长吉遂作《金铜仙人辞汉歌》。

茂陵[3]刘郎秋风客，夜闻马嘶晓无迹。
画栏桂树悬秋香，三十六宫土花[4]碧。
魏官牵车指千里，东关酸风[5]射眸子。
空将汉月出宫门，忆君清泪如铅水。
衰兰送客咸阳道，天若有情天亦老。
携盘独出月荒凉，渭城[6]已远波声小。

“天若有情天亦老，人间正道是沧桑。”

唐宪宗元和八年（813年），作者因病辞官，在回乡途中作下此诗，运用铜人辞汉入魏的历史题材以抒感慨。全诗着点于“情”，渲染了悲悯怅惘的情绪，着重刻画和描写“金铜仙人”的形象情感，借以表达自身离开长安的无奈和家国兴亡盛衰的忧思。

诗歌开篇精巧刻画了汉武帝刘彻“秋风客”的人物形象，运用“画栏”“桂树”“土花”等景象描写汉宫的荒凉衰败，情景交融，点染凄凉萧瑟的氛围，蕴含着人世沧桑、物是人非的悲情。中间四句描写了金铜仙人被魏官拉出宫门，离开长安的情形，且运用拟人手法，将“金铜仙人”塑造成一副有血有肉、有情有感的躯体，构思新奇。酸风射眸，心忆先君，泪如铅水，将金铜仙人内心对刘彻的想念及被迫离开故土的痛苦之情淋漓尽致地展现出来。后四句呈现长安风貌，细腻描绘了金铜仙人对长安城的依依惜别，使得“金铜仙人”这一人物形象更加鲜明生动。

这首诗歌语言冷峻幽深，构思奇丽诡幻，抒情真切动人，将自身的主观感情熔铸于铜人之身，达到物我合一的意境。诗人通过一个汉魏历史故事来借古讽今，表达了诗人对家国没落的忧虑、对世事兴衰的感慨以及对身世坎坷的悲叹。

①金铜仙人：汉武帝为祈生所铸造的仙人铜像。②魏明帝：曹操的孙子曹睿。③茂陵：汉武帝刘彻的坟墓。④土花：苔藓。⑤酸风：悲凉凄楚的风。⑥渭城：咸阳，借指长安。

帝灵军魂今何在，咸阳茂陵是归处

茂陵是西汉武帝刘彻的墓地，位于今陕西咸阳兴安市的茂陵村，是西汉帝王诸陵中规模最大的一座。

刘彻共在位五十四年，在登上皇位的第二年就开始为自己建造陵墓，下葬之时的随葬之物数不胜数。连茂陵的封土也是从外地运来，经过筛选去杂，又用锅炉烧炒，“贵同粟米”。茂陵之中不仅埋葬着帝王，还有为国而战的勇士。霍去病大破匈奴，卫青收复失地，功绩卓越的二人都被刘彻赐予陪葬茂陵的殊荣。霍去病的墓冢砌成祁连山形状，卫青墓冢则是阴山形状，象征着两人的赫赫军功。

茂陵是一代帝王与名将英灵的归宿，经历过沧海桑田、世事变幻，虽然现如今的茂陵已然面目全非，地面建筑也荡然无存，但是我们能在史书中寻找痕迹，在脑海中描绘想象，在心底铭记历史。

诗坛奇才李贺的坎坷一生

唐德宗贞元六年（790年），李贺在河南昌谷（今河南省宜阳县）出生，自小才华横溢，《太平广记》记载他“七岁能辞章，名动京是师”。唐宪宗元和二年（807年），十八岁的李贺离开家乡，带着诗作来到洛阳拜访文坛前辈韩愈。仅“黑云压城城欲摧，甲光向日金鳞开”（《雁门太守行》）这开篇一句，韩愈就被李贺的文采吸引并立即招待了他，二人相谈甚欢。

二十一岁的李贺带着满腔抱负进京赶考，但官场上的竞争者和嫉妒他才华的人，以李贺父亲李晋肃的名字“晋”与进士的“进”同音犯讳，剥夺了他的科举资格。韩愈奋笔疾书写下《讳辩》一文，为李贺仗义执言，但也敌不过官场黑暗，就这样，李贺一直未能参加科举考试，从长安郁郁还乡。

一年后，韩愈推荐李贺到长安做奉礼郎，是一个从九品的卑微小官，官闲职冷。李贺心中一直有着弃笔从戎的愿望和为国效力的决心，即使是在担任奉礼郎的三年，李贺初心未变。但现实总是不尽如人意。元和八年，李贺拖着病体，带着无奈辞官回乡，在家休养了一段时间之后，在昌谷、洛阳、长安三地来回奔波，希望得到升迁的机会，但都无果而终。在二十七岁这一年，李贺带着壮志未酬的悲痛溘然长逝。

知识小问答

明代何人在《诗源辩体》中称《金铜仙人辞汉歌》这首诗为“鬼仙之词”？（　　）

A. 许学夷　B. 胡震亨　C. 谭元春

苏轼，字子瞻，号东坡居士，北宋著名文学家、书法家、画家。

念奴娇·赤壁怀古

［宋］苏　轼

大江东去，浪淘①尽，千古风流人物②。
故垒③西边，人道是，三国周郎赤壁。
乱石穿空，惊涛拍岸，卷起千堆雪④。
江山如画，一时多少豪杰。
遥想公瑾当年，小乔初嫁了，雄姿英发，羽扇纶巾。
谈笑间，樯橹⑤灰飞烟灭。
故国神游，多情应笑我，早生华发。
人生如梦，一尊⑥还酹江月。

“古今多少事，都付笑谈中。”

这是一首怀古之作。词人在上阕一开始就以磅礴的气势为这首词奠定了豪放的基调，长江滚滚东流，历史上多少英雄豪杰在岁月中淘洗消逝。虽说词人所游览的并非真正的赤壁大战处的古迹，而是黄州赤鼻矶，但是这并不影响他对于古代英雄人物的怀念。看到古时军队营垒的遗迹，想到的就是三国赤壁之战的火光。上阕着重通过写景，把江水、浪花和朦胧的人物形象融合到一起，创造了一个旷远、深沉的意境，为下阕“周郎”的出场营造声势。

下阕着重写人，词人回顾了当年周瑜的意气风发，他年轻有为，早已功成名就，更有美人在怀。手握羽扇，头戴纶巾，谈笑之间，就把强敌的战船烧得灰飞烟灭。词人通过对周瑜的仰慕之词，抒发了壮志未酬的感慨。回想三国旧事，多情善感，头发也已发白。人生在世犹如梦一场，词人只好将情感寄托在杯酒和明月之中。

①淘：冲洗，冲刷。②风流人物：指杰出的历史名人。③故垒：古时军队营垒的遗迹。
④雪：比喻浪花。⑤樯橹：这里代指曹操的水军战船。⑥尊：通“樽”，酒杯。

“生子当如孙仲谋”

建安十八年，曹操率领大军乘坐着油船，在夜间渡洲而上，进攻濡须口。孙权用水军包围曹军，虏获了三千多人，淹死了几千曹军。曹操与孙权相持了一个多月，孙权几次挑战，曹操都坚守不出。于是孙权亲自驾船从濡须口进入曹营。各位将领准备进攻，但是曹操命令严整军队，弓弩不得乱发。孙权走了五六里，曹操远远地看见孙权的舟船军队严明整肃，不禁脱口赞叹道:“生子当如孙仲谋，刘景升儿子若豚犬耳！”

后来人们就用“生子当如孙仲谋”比喻希望晚辈英贤。

三国时期的三大战役

三国时期有三场著名的战役，分别是官渡之战、赤壁之战、夷陵之战。官渡之战是历史上以弱胜强的战役之一，袁绍对阵曹操，曹操出奇计偷袭袁军的粮仓，进而击溃袁军的主力，取得了战争的胜利，这场战役使曹操基本统一了北方。

第二大战役是赤壁之战，这是三国时期三大战役中最著名的一场，当时孙权、刘备联军在长江赤壁一带与曹操对战，曹操的士兵不习水性，在摇晃的船上作战极其不适应，于是曹操下令将战船首尾相连，这样人和马在船上就如履平地。当时孙权的部将黄盖提出用火攻的计策对付曹操，孙权、刘备都认为此计甚好。结果，曹操的战船被黄盖十艘载满薪火膏油的火船烧得一片狼藉，最后以大败告终，曹操也暂时失去了统一全国的可能，至此，三国鼎立的序幕拉开。

第三大战役是夷陵之战，对阵双方是刘备和孙权。公元219年，孙权偷袭夺取荆州，擒杀了关羽，吴、蜀两国因此结仇。同年，刘备为夺回荆州，为关羽复仇，率领大军攻打孙吴。孙权派遣使者求和，刘备不答应。双方僵持长达一年之久，最后以刘备失败告终，刘备逃往白帝城，并且病逝于此。三大战役至此，天下三分的局面已定。

以下哪位是夷陵战役中帮助孙权取得胜利的关键人物？（　　）

A. 陆逊　B. 黄盖　C. 周瑜

秦观，字太虚，又字少游，“苏门四学士”之一，被尊为婉约派一代词宗。

望海潮·洛阳怀古

［宋］秦 观

梅英[①]疏淡，冰澌溶泄[②]，东风暗换年华。
金谷俊游，铜驼巷陌，新晴细履平沙。
长记误随车[③]。正絮翻蝶舞，芳思[④]交加。
柳下桃蹊，乱分春色到人家。
西园夜饮鸣笳。有华灯碍月，飞盖妨花。
兰苑未空，行人渐老，重来是事堪嗟！
烟暝[⑤]酒旗斜。但倚楼极目，时见栖鸦。
无奈归心，暗随流水到天涯。

“思路幽绝，其妙不可思议。”

上阕写景，由眼前景，引起对昔日春游的怀念。首三句，写初春景物暗示春的到来。“暗换年华”，既指眼前自然界的变化，又指人事沧桑、政局变化。“金谷俊游”以下十一句，都是写的旧游，实以“长记”两字领起。“长记”之事甚多，而这首词写的只是两年前春天的那一次游宴。这三句是说前年上巳，适值新晴，游赏幽美的名园，漫步繁华的街道，缓踏平沙，非常轻快。

下阕着重写情，以当年夜宴的热闹场面反衬今日的凄凉愁苦。“西园”三句，从美妙的景物写到愉快的饮宴，时间则由白天到了夜晚，以见当时的尽情欢乐。“碍”字和“妨”字，不但显出月朗花繁，而且显出灯多而交映、车众而并驰的盛况。把过去写得愈热闹就愈衬出现在的凄凉、寂寞。

“兰苑”二句，暗中转折，点明怀旧之意，与上“东风暗换年华”相呼应。“重来”旧地，则“是事堪嗟”，感慨至深。此时酒楼独倚，只见烟暝旗斜，暮色苍茫，既无飞盖而来的俊侣，也无鸣笳夜饮的豪情，极目所至，已经看不到絮、蝶、桃、柳这样一些春色，只是“时见栖鸦”而已。这时候，宦海风波，仕途蹉跌，也使得词人不得不离开汴京，于是归心也就自然而然地、同时也是无可奈何地涌上心头。

后人评价道“思路幽绝，其妙不可思议”，是对本词最好的解说。

①梅英：梅花。②冰澌（sī）溶泄：冰块融化流动。③误随车：身不由己地尾随陌生少女的车子。
④芳思（sì）：春天引起了错综复杂的情思。⑤烟暝：烟雾弥漫，天色昏暗。

铜驼大街

铜驼大街是汉魏洛阳城的中轴线大街，也是我国最早的都城轴线大街，开创了我国古代都城轴线建筑的先例。汉代以前的都城是没有轴线大街概念的。铜驼大街从阊阖门一直延伸至洛阳城的宣阳门，是当时洛阳城南北轴心的所在。大街一主两辅三道并行，共宽约四十米，北接皇宫，南连大市，两侧对称布置有衙署和寺庙等，是洛阳最繁华的大道，商贾云集，寸土寸金。作为我国古代早中期都城的典型代表，汉魏洛阳故城对隋唐时期的长安城与东都洛阳城的建筑形制产生了显著的影响。

石崇与金谷园

金谷园是西晋大官僚地主石崇的别墅。据历史记载，西晋时期石崇为纵情放逸，在洛阳依邙山、临谷水建了规模宏大的花园。此园楼台亭榭、池沼假山、奇珍异木应有尽有，石崇在金谷园中过着极其奢靡的生活。据说金谷园的厕所里放着甲煎粉、沉香汁之类的名贵香料，凡是上厕所的，都能看到厕所里有十多个穿着华丽的新衣、打扮得花枝招展的女仆恭立侍候。当时晋朝的一位官员刘实有事去拜访石崇，上厕所时见到厕所里有绛色纹帐、垫子等很讲究的陈设，并有婢女捧着香袋侍候，吓得急忙跑出，以为错进了石崇的内室。

秦观的回环诗

秦观和苏轼的认识是在苏轼改知徐州之后，有次秦观写信拜谒苏轼，两人相见，苏轼对秦观的文采十分欣赏，后两人共游湖州、徐州、润州等地，谈天说地，建立了深厚的友谊。此后两人书信往来更加频繁。

有一次秦观外出游玩，苏轼很久都没有得到秦观的消息。因为挂念秦观，于是苏轼给秦观写了一封信，询问秦观的情况。没有让苏轼等多久，秦观就给他回了一封信。不过这封信十分奇怪。信上只写了十四个字，还排成一圈，这是什么意思？

苏轼看见之后，却连连叫好。苏轼自然是看懂了秦观信中所言，秦观写了一首回环诗，向苏轼讲述了自己的情况。

赏花归去马如飞，去马如飞酒力微。
酒力微醒时已暮，醒时已暮赏花归。

这是一首巧妙的回环诗，足见秦观的诗文功底厚实，也能看出他与苏轼是心心相通的，这就不难理解他是“苏门四学士”之首的缘故了。

“苏门四学士”分别是哪四个人？（　　）

A. 黄庭坚、秦观、晁补之、陈师道　B. 黄庭坚、秦观、张耒、佛印　C. 黄庭坚、秦观、晁补之、张耒

叶梦得，宋代词人。叶词中的气主要表现在英雄气、狂气、逸气三方面。

八声甘州·寿阳楼八公山作

［宋］叶梦得

故都迷岸草，望长淮、依然绕孤城。想乌衣年少①，芝兰秀发，戈戟云横②。坐看骄兵南渡，沸浪骇奔鲸。转盼东流水，一顾功成。

千载八公山下，尚断崖草木，遥拥峥嵘。漫云涛吞吐，无处问豪英。信劳生、空成今古，笑我来、何事怆遗情③。东山老，可堪岁晚，独听桓筝④。

“最苦的自嘲。”

这首词是词人登寿阳（今安徽省寿县）城楼及八公山而作。词人在寿阳八公山登高望远，想到一段历史往事，于是开始感慨古今，词人既缅怀谢安等人的英雄业绩，又感叹自己年老体衰，功业无成。

“故都迷岸草，望长淮、依然绕孤城”，这是词人登山后所见，淮河环绕着楚都寿春孤城，野草丛生，河岸迷蒙，这迷蒙的氛围奠定了怀古的感情基调。“想乌衣年少，芝兰秀发，戈戟云横”，用一个“想”字，引出对历史往事的回忆，“芝兰秀发”是作者赞扬他们少年有作为。“戈戟云横”暗指少年将领们带兵的魄力和谋略。

“坐看骄兵南渡，沸浪骇奔鲸”，奔逃的鲸鱼，这里形容苻坚兵溃如鲸鲵之窜逃。东晋军以逸待劳痛击前秦军，苻坚百万雄师如受惊的巨鲸，在淝水中溃奔。“千载八公山下，尚断崖草木，遥拥峥嵘”，时隔千年，八公山的草木一如当年，簇拥着险峻的峦峰，但是“漫云涛吞吐，无处问豪英”，如今空有河山，可见词人对当朝无人的失望之情。

“信劳生、空成今古，笑我来、何事怆遗情。”词人自嘲自己执着纠结，劳累一生，终究还是一场空。“东山老，可堪岁晚，独听桓筝。”谢安虽遭过非议，但是最终与孝武帝和好共饮，自己却“独听桓筝”，这一对比，可谓是“最苦的自嘲”。

①年少：指谢安的子、侄一班在淝水之战中表现出色的年轻将领。
②戈戟云横：一语双关，明喻晋军的武器像阵云一样横列开去。③遗情：指思念往事。④桓筝：桓伊善弹筝。

桓伊抚筝

桓伊抚筝主要是讲述桓伊通过抚筝巧妙化解谢安与孝武帝之间矛盾的故事。淝水之战能够取得胜利，谢安功不可没，但当时奸佞当道，小人谗言污蔑谢安，致使孝武帝误会谢安，二人心生隔阂嫌隙。一日，孝武帝设宴，命桓伊吹笛，桓伊自称更擅长抚筝，孝武帝准许其抚筝。于是桓伊抚筝歌唱哀怨诗，诗意大概是表达对孝武帝听信谗言、误会忠良之臣谢安这一行为的怨愤之情。孝武帝听闻后愧疚不已，此后谢安和孝武帝二人的关系得以缓和。

叶梦得的社会贡献

叶梦得不仅是一位词人，也曾从政于官场，绍兴十年，叶梦得担任资政殿学士兼福建安抚使。然而官场终究不是最适合文人气质的选择，叶梦得后来还是选择了辞官归隐。叶梦得非常喜欢藏书并且有强烈的社会责任感，彼时和宋宣献同为两大藏书家。宣和五年，他在石林谷建造别馆，建造藏书楼用来藏书，藏书数目达到十万卷以上，历史上称其“极为华焕”。然而世事难料，皇统七年，叶梦得家中不幸失火，刚建不久的藏书楼被大火无情摧毁，原本宏伟壮观的建筑如今只剩下冰冷的瓦砾，十几万卷藏书也化为灰烬。满怀责任感的叶梦得并没有就此放弃，他为了让更多的人能够有书读，有诗看，提倡建造一栋公共藏书楼，以此满足众人阅读的需求。不久，叶梦得建造“细书阁”，用来藏书，供人阅读。可见词人叶梦得对阅读的重视，更体现出他强烈的社会责任感和无私的奉献精神。

被张舜徽赞为“中国历史上有雅量有胆识的大政治家”的是（　　）。

A. 桓温　B. 谢安　C. 孙绰　D. 司马昱

张孝祥，字安国，别号于湖居士，南宋著名词人、书法家。

水调歌头·过岳阳楼作

［宋］张孝祥

湖海倦游客，江汉有归舟。
西风千里，送我今夜岳阳楼。
日落君山云气，春到沅湘草木，远思渺难收。
徙倚[①]栏杆久，缺月挂帘钩。
雄三楚，吞七泽，隘九州。
人间好处，何处更似此楼头。
欲吊沉累[②]无所，但有渔儿樵子，哀此写离忧[③]。
回首叫虞舜，杜若满芳洲。

"岳阳楼头思屈子，总是志愿难酬。"

这首《水调歌头》是张孝祥以奉养双亲为由，辞职归家时经过岳阳楼所作。全词上阕写景，下阕怀人，表达了作者归家之际油然生出的宦途倦意，也体现了他对当时黑暗的政治局势的不满。

上阕先写出本词写作的背景：奔波于湖海之间的疲倦旅人，终于要乘舟向东准备归家。西风浩荡一日千里，今夜将我送到岳阳楼前。然后写作者眼前所见的景物：太阳将要落尽，君山为云气所萦绕。沅湘二水岸上的草木却因春天的到来正是郁郁葱葱的时候，作者的思绪却翻腾奔涌没法平静。作者久久地倚栏深思，却看见天上一弯明月，如同帘钩一般斜挂着。这里既有作者对自己沉浮宦海的深深感慨，也是对下阕怀古抒情的情感积累和铺垫。

下阕前两句单纯就岳阳楼的地理位置所写：称雄于三楚之地，气吞七泽而控扼九州险要之地，人间那些好的地方，恐怕没有更胜此楼的。接下去作者由景而思人：想要祭奠沉江的屈原却没有合适的地方，只有些渔夫樵人，曾与屈原对话，可能懂得他被流放时写《离骚》的心情。"回首叫虞舜"之句援引杜甫诗句，希望有虞舜那样的明君出现能重用自己，可只有杜若香草长满芳洲，再无其他。这既是写屈原不能遇到明主的不幸，也借以抒发自己不得重用、壮志难酬的痛苦。

①徙倚：低回徘徊，流连不舍。
②沉累：沉水之人，指屈原。累，指屈原无罪被迫而死。③离忧：指《离骚》。

三楚、三晋、三秦、三齐的奥秘

三楚、三晋、三秦、三齐是古人分别对楚、晋、秦、齐四地的别称，但其来源各不相同。三楚针对地理位置而言，因为楚国面积实在太过广阔，因此分为东楚、西楚、南楚三楚。公元前453年，晋国上卿韩、赵、魏三家瓜分晋国土地，人们就将新成立的韩赵魏三国合称三晋。秦朝灭亡之后，项羽大封诸侯，将秦朝降将章邯、董翳、司马欣分别封为雍王、翟王、塞王，结果原来秦国统辖的关中之地，后世人们也以三秦代指今天陕西省的陕北、关中、陕南三地。也是在项羽大封诸侯的同时，齐国故土被分封给齐王的后代齐王田都、胶东王田市、济北王田安，故而有了三齐之称。

明君大舜何以称为“虞舜”

舜是上古时期的明君，也被称为“大舜”。在历史记载中，大舜也常常以“虞舜”“有虞”的名称出现。大舜之所以称为虞舜，是因为其出身于有虞氏部落。有虞氏的始祖是黄帝的曾孙、颛顼的儿子穷蝉，又名虞幕。虞幕擅长制作乐器，每一演奏就有凤凰翔集，因此被封到虞地，从此出现了有虞氏这一氏族部落。舜为虞幕后代，继承其位成为有虞氏的部落首领，后来接受尧帝禅让，成为上古时期“三皇五帝”之一，后人也将其统治时期称为“虞朝”。

才子多波折，壮士志不酬

张孝祥是唐代大诗人张籍的后代，到他这一代，家境已十分贫寒，后人说他“荒凉寂寞之乡”就是对此而言。但张孝祥自幼就十分聪慧，有“神童”之誉，据史书记载，他“读书过一目不忘，下笔顷刻数千言”。后来他与秦桧的孙子秦埙共同参加科考廷试，考官已经定了秦埙为第一名。但宋高宗读到这些人的文章，发现秦埙所写大多都是秦桧的意思，于是将秦埙降到第三，把张孝祥擢升为状元，并赞誉他“词翰俱美”。

张孝祥中了状元之后，遭到秦桧忌恨，他自己也站到了秦桧的对立面。他曾为岳飞鸣冤，而秦桧则指使手下污蔑张孝祥的父亲杀嫂，幸亏不久之后秦桧死去，张孝祥没有受到更多牵连。但张孝祥还是被人构陷，他因此赋闲回家。后来他的朋友虞允文在采石矶抵抗金兵侵略获胜，张孝祥高兴之中写出“我欲乘风去，击楫誓中流”的名句，说明其建功立业的雄心壮志并未因赋闲而改变。

后来张浚当政，欣赏张孝祥的才干，张孝祥重新得到重用。但不久张浚因为主张对金战斗与朝廷和议的大环境不相容而遭到罢黜，张孝祥也受到弹劾。此后数年，张孝祥转任地方官职，最终心灰意冷，无意仕途，决定辞官还乡。他回到老家芜湖之后第二年，在芜湖船上饮酒，中暑而死。他收复失地抵御外辱的壮志终究没能实现，而他的诗词则作为精神的载体流传至今。

知识小问答

统领“三秦”的三位主君不包括以下哪位历史人物？（　　）

A. 项羽　B. 章邯　C. 司马欣

辛弃疾，字幼安，号稼轩，南宋豪放派词人，有“词中之龙”之称。

念奴娇·登建康赏心亭呈史致道留守

［宋］辛弃疾

我来吊古，上危楼、赢得闲愁千斛。
虎踞龙蟠何处是，只有兴亡满目。
柳外斜阳，水边归鸟，陇[①]上吹乔木。
片帆西去，一声谁喷[②]霜竹。
却忆安石风流，东山岁晚，泪落哀筝曲。
儿辈功名都付与，长日惟消棋局。
宝镜难寻，碧云将暮，谁劝杯中绿[③]。
江头风怒，朝来波浪翻屋。

“建康吊古之地，只有满目兴亡。”

本词是辛弃疾登上建康赏心亭，满目风光萧落，不禁千万情感齐上心头。作者一方面将眼前之景物与心中之情绪相结合；另一方面则将对历史旧事之感慨与对当下时事之意见相联系，创作谱写了一出既厚重又沉痛的艺术名篇。

上阕开门见山，直抒胸臆：“我”前来凭吊古人旧迹，登上高楼，却只有愁闷无数。次句则写这无数闲愁从何而来：满目尽是兴盛衰亡的遗迹，龙盘虎踞的都城盛景已不知去向何处。紧接着作者写自己眼前所见之景：夕阳西下，斜照河边柳，水边觅食的鸟儿飞起准备归巢，丘垄上的高大树木被风吹动。水面上孤帆西去，不知道谁吹响了清冷的笛声。作者在上阕以“闲愁”为引，此后不论其感慨兴亡还是记叙哀景，都是为解释“闲愁”二字而写。虽是闲愁，但在读者眼里，沉重万分。

下阕接续上阕，由眼前之景想到古人：谢安淝水之战建功立业，何等潇洒风流，后来被谗邪污蔑遭到疏远，只能隐居东山，听筝落泪。这既是对谢安的人生记叙，也是作者自身郁郁不得志的写照。他只好暗用讽喻，讥刺当政的小人：功名都让儿孙辈去做吧，我们整天下下棋消磨岁月就好了。他借用谢安事迹，既是对自己的安慰，也蕴含万分无奈和委屈。此后则以“宝镜”比喻知己，说明知己难寻，天色已晚，无人同饮杯中酒。而江上狂风大作，浪花将要推翻房屋。这既是对个人境遇的描述，也暗含对危机重重的国家命运的担忧。

①陇：田埂，丘垄。②喷：吹奏。
③杯中绿：杯中酒。

安石既然风流，何以泪落哀筝

安石是东晋名臣谢安的字，他出身名门，早年就享有盛誉，而最大的名声则来源于淝水之战的胜利。当时前秦国力强盛，其君主苻坚怀有壮志，一心要统一天下，于是率领百万雄兵南下进攻东晋。朝廷内外无不恐慌，而谢安却镇定自若，依旧游山玩水，直到开战之前，才安排子侄辈如何作战，指挥其侄儿谢玄率军八万以少胜多，取得大胜。喜讯传来，谢安与客人正在下棋，看完消息仍不动声色，客人心急问起，他才缓缓答道："小儿辈大破贼。"然而淝水之战后，谢安的声名达到极点，自然引起君主猜忌，加上小人司马道子从中作梗，谢安只好主动交权，隐居东山。谢安退隐之前，和皇帝一同宴饮，皇帝召来桓伊弹筝，桓伊就抚筝而唱怨诗："为君既不易，为臣良独难。忠信事不显，乃有见疑患。周旦佐文武，《金縢》功不刊。推心辅王政，二叔反流言。"用周公尽忠于王事，最后却被成王猜忌的事情比喻谢安与皇帝之间的关系。此曲终了，谢安为之落泪，衣襟都被眼泪打湿。此后，谢安专门越席来到桓伊的身边，对他说："您做得很不错。"皇帝闻此亦面露愧色。

宝镜与知己如何产生联系

普通的镜子只能照人面目，而可以被当成知己的宝镜就不只是照人面目这么简单了。它们往往能照出人的肝胆骨骼，犹如今天最先进的医疗检查手段那样神奇。也正因为其功效神奇，能认清一个人的内在，就像相交多年的老友那样，所以人们将之比作知己。

相传在秦代，人们在无劳县境内的镜舞溪旁的石窟里发现一面方镜，此镜高达两米，人在镜前可照出骨骼内脏，因而此镜被称为"照骨宝"。此镜后来被送到秦始皇宫中，人们用它来观察人体内脏的异常变化加以治疗。除此之外，此镜也被秦始皇拿来检验奴仆的忠心，凡是有贰心者，在此镜前便会心肝颤动。后来项羽攻入咸阳，将宝物全部掳走，此镜也下落不明。直到唐代，有渔人从秦淮河中网出一面小镜，可以照出脏腑，可能是秦代照骨宝的碎片。此外唐代道士叶法善有一面铁镜，也能照见肺腑，不过与照骨宝没什么关系罢了。

各种宝镜，有的可以照人肝胆骨骼，有的则有其他神奇功能。南宋时期，有人从地下掘出一面镜子，人照此镜，心骨俱寒，此镜也因此被称为"生寒镜"。古代还有一种探宝镜，在黑夜中以镜照地，可以看到地下的宝藏。镜子本来只是人们生活日用中很寻常的一种器物，但在缺乏科学意识的古人眼中，这种器具能照人形象，具有神奇的魔力，才有了流传至今的种种引人入胜的传说。

淝水之战中东晋的总指挥是？（　　）

A. 苻坚　B. 谢安　C. 谢玄

张可久，字小山，元代散曲家。

卖花声·怀古二首

［元］张可久

阿房舞殿翻罗袖，金谷名园①起玉楼，隋堤古柳缆龙舟。
不堪回首，东风还又，野花开暮春时候。
美人②自刎乌江岸，战火③曾烧赤壁山，将军④空老玉门关。
伤心秦汉，生民涂炭，读书人一声长叹。

解读赏析 JIEDU SHANGXI

“往事不堪回首，文人一声叹息。”

张可久的《卖花声·怀古》由前后两曲组成，两曲都运用了大量的史实典故，但各有侧重，形成鲜明对比。前曲将繁荣盛世与暮春野景对比，慨叹历史的盛衰变迁；后曲以帝王将相和平民百姓对举，表达了作者对百姓的同情。

前曲列举秦始皇、石崇和隋炀帝的典故来揭露历代统治及上层阶级骄奢淫逸的生活，暗示贪恋权势、安逸享乐所导致的惨淡下场，针砭时弊，秉笔直书。“不堪回首”是全曲的感情中心，既是对前朝之事的评价总结，也是对当朝统治者的暗示劝告。以景终篇，冷凄春景烘托出作者沉重不安的心情，是一首颇具警示之意的怀古之曲。

后曲串联霸王别姬、吴蜀破曹、班超从戎三个历史故事，借史抒怀，表达了连年战争造成“生灵涂炭”的伤时痛世而又无可奈何的悲剧情感。以“叹”作结，蕴意丰富，叹国家罹难，叹百姓遭殃，叹文人无奈，反映了作者的民本之心。

此二曲化用典故，主旨鲜明，格调悲凉，语言清丽，值得一提的是，后曲以口语入词体现出曲之本色。两曲结合直接而深沉地表达了作者对历代兴亡的态度，对百姓人民的同情，以及对身不由己的叹息，乃元曲中的怀古佳作。

①金谷名园：晋代富豪石崇所建，在今河南洛阳。②美人：指项羽的宠妾虞姬。
③战火：指三国时的赤壁之战。④将军：指东汉班超。

西晋土豪石崇的别墅——金谷园

石崇是西晋武帝时京城首屈一指的富豪，曾任南中郎将、荆州刺史等职，后拜太仆。为官时，石崇大肆聚敛财产，《晋书》记载他“财产丰积，室宇宏丽”，且好与京中贵族王恺、羊琇等人斗富。

金谷园便是石崇的别墅，园中以池沼花木为主，追求山林野趣之风格，亭台楼阁，流水淙淙。石崇也曾作《金谷诗序》来描写金谷园的景致，曰：“有别庐在河南县界金谷涧中，去城十里，或高或下，有清泉茂林，众果、竹、柏、药草之属，莫不毕备。又有水碓、鱼池、土窟，其为娱目欢心之物备矣。”

潘岳、左思、陆机、陆云与石崇等二十四人为友，号称“金谷二十四友”，他们在园中琴瑟相伴，赋诗享乐，过着奢靡放荡的生活。石崇有爱妾绿珠，美貌艳绝，善于吹笛，笛声动人心弦。石崇晚年，赵王司马伦专权，他与石崇外甥欧阳建有仇，且司马伦的党羽孙秀想将绿珠占为己有，于是便诬蔑石崇为乱党，石崇失势被斩杀于东市刑场，绿珠被逼无奈，殉情坠楼而死。

后金谷园便成为荒废之地，到唐代又成为士族文人的游览之地。杜牧写下《金谷园》一诗来怀叹这段往事，诗云：“繁华事散逐香尘，流水无情草自春。日暮东风怨啼鸟，落花犹似坠楼人。”此后，各代诗人作金谷园怀古诗者甚多。

被身份耽误的文人——张可久

张可久出生在宋亡之初，自小熟读四书五经，年轻时就显示出过人的才华，成年之后，他希望自己走文人仕进之路，且有所作为。但自蒙古人入主中原，建立元朝，便取消了科举，还将人划分出四等：蒙古人、色目人、汉人、南人。色目人是西北各民族的统称，南人乃南宋人。蒙古人和色目人位于汉人和南人之上。汉人和南人备受歧视，不能担任政府和各级主要官职，张可久就属于地位最低的南人。

元代的武官靠世袭，文官以荫补为主，也可保举，科举没有恢复以前，文人入仕皆要依靠达官贵族的援引。张可久因南人身份，入仕之路遭到阻碍，便在二十多岁时离开家门，游历山川，结交权宦名流，以求入仕。成宗大德七年（1303年），张可久结识了身居要职的文人前辈卢挚，卢挚看重张可久，多次向他索赋，张可久也希望得到卢挚的援引，但卢挚晚年并未引荐他，直至四十多岁，张可久也未能走上仕途。

令张可久欣喜的是，皇庆二年（1313年），仁宗下令重开科举。虽然科举之路重开，但民族歧视并未消失，规定了“南人不得登前三名”，广大的南人士子被拒之门外，这其中也包括张可久。张可久求取仕途无望，反而千金散尽，他不得不出而为吏，后半生辗转各地，担任路吏小官。

据（　　）所著的《全元散曲》所辑，张可久的今存散曲共有小令八百五十五首，数量为元人之冠。

A. 隋树森　B. 任中敏　C. 唐圭璋

本章知识小问答答案

第 105 页　正确答案：C. 算博士

第 107 页　正确答案：B.《楚望赋》

第 109 页　正确答案：A. 杜牧

第 111 页　正确答案：A. 竹简

第 113 页　正确答案：B. 蒋士铨

第 115 页　正确答案：A. 杜甫

第 117 页　正确答案：A. 宋之问、陈子昂、杜审言、沈佺期

第 119 页　正确答案：A. 长沙

第 121 页　正确答案：B. 楚国

第 123 页　正确答案：A. 许学夷

第 125 页　正确答案：A. 陆逊

第 127 页　正确答案：C. 黄庭坚、秦观、晁补之、张耒

第 129 页　正确答案：B. 谢安

第 131 页　正确答案：A. 项羽

第 133 页　正确答案：B. 谢安

第 135 页　正确答案：A. 隋树森

古代女子，尤其美女，往往背负『红颜祸水』的黑锅。事实上，这些王朝的更替又岂能是这些女子的责任？欲加之罪，何患无辞？

罗隐，字昭谏，杭州新城人，晚唐诗人、散文家。

西施

［唐］罗隐

家国兴亡自有时，吴人何苦怨西施。
西施若解[①]倾[②]吴国，越国亡[③]来又是谁？

“长得美有什么错？”

不知道古往今来，女性为一些封建统治者背了多少黑锅。细数我们耳熟能详的所谓“红颜祸水”毁家国论调，妲己、褒姒、貂蝉、杨玉环、赵飞燕……男权主义社会里，把亡国之恨归结于统治者沉迷女色，漂亮的女性更是错上加错。这样的想法在今天看来不可思议，但是在封建时代确是大行其道。好在我们的智者罗隐千年前就驳斥了这种荒谬的论调。短短四句诗，特立独行，逻辑清晰，闪烁着超前于时代的思想光辉。

一、二句“家国兴亡自有时，吴人何苦怨西施”。开篇明义，摆明观点，指出历来家国兴亡原因复杂，自有规律，这里特指的是吴国的灭亡有其自身的原因。大家何苦把吴国的灭亡归咎于西施身上？读来像是劝解的口吻，实则含有嘲讽况味：自己把国家整没了，现在却归罪于一个弱女子，这是何苦呢？

“西施若解倾吴国，越国亡来又是谁？”这两句巧妙地运用了逻辑的推论。如果西施真的有一人倾覆吴国的能力，那么越国灭亡又是为何呢？越王可没有西施，也没有沉迷女色呢。思路清晰，有理有据，难以反驳。虽然话语是通过委婉的反问表述出来的，但是正是论据本身有强大的逻辑力量，所以读来直指人心。

罗隐有着超前的观念，在这首诗中便可见一斑。他的另一首诗《帝幸蜀》，表达的也是反对将罪祸归咎妇女。一个智慧的批判者，是能够洞悉事物本身而不受环境舆论迷惑的。

①解：懂，明白，理解。
②倾：倾覆。③亡：灭亡。

古代锦鲤罗隐

罗隐极负诗名，关于他有许多民间传说。比较有名的就是，他有一张“圣贤嘴”，说什么就灵验什么，也算是古代的“锦鲤”了。

关于这个“圣贤嘴”也是有传说的。相传罗隐是“真龙天子”。玉皇大帝怕他当了凡间的皇帝，会扰乱乾坤，于是就派天兵天将，打算把罗隐的仙骨替换掉。谁知罗隐非常坚韧不拔，被剥去仙骨时咬紧牙关，始终不放。最后，罗隐虽然浑身的仙骨都被换掉了，只有牙床骨没换去。所以，罗隐虽做不成皇帝，却留下一张“圣贤嘴”，说什么就灵验什么，也正是这张“圣贤嘴”，大家对罗隐又爱又恨，既想讨他说好话，又怕惹他讲坏话。

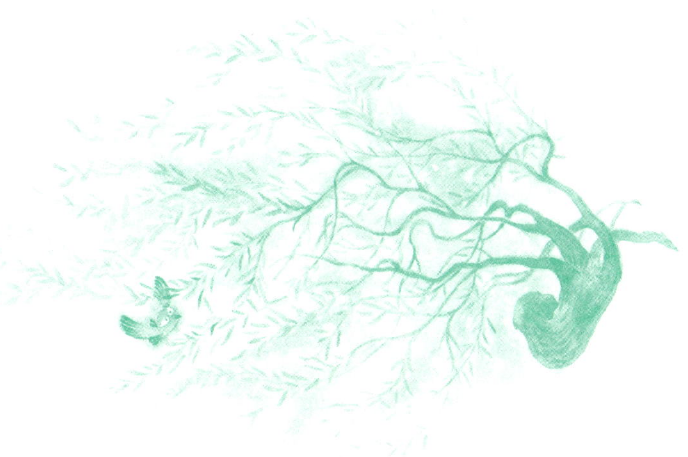

十上不第的罗隐

罗隐年少时便极负才名，在家乡颇有名气。与当时的读书人一样，罗隐也赴京参加科考，可是奇怪的是，虽然满腹才学，但是罗隐连续考了七年都榜上无名，后来又断断续续考了几年，总共考了十多次，都没有理想的结果。于是罗隐自嘲“十二三年就试期”，这个典故也被称为“十上不第”。

为何学富五车的罗隐久试不第呢？其实是有缘由的。罗隐天生桀骜不驯，文字臧否时政，讽刺意味浓厚，在当时算是个特立独行的另类。虽然他的才华备受认可，但是考官和朝廷不吃这套，觉得罗隐过于偏激。不过，以罗隐的性格，官场也不一定适合他。

罗隐的讽刺小品文流传颇广，《谗书》就是他的作品集。方回在《谗书》跋中说：“愤懑不平之言，不遇于当世而无所以泄其怒之所作。”罗隐自己在《谗书》重序中也认为是“警当世而戒将来”。

罗隐的才华是实打实的，不少流传甚广的经典名句都出自他手。如“时来天地皆同力，运去英雄不自由”“今朝有酒今朝醉”“任是无情也动人”，等等。

名句“家财不为子孙谋”出自以下哪位诗人？（　　）

A. 罗隐　B. 李商隐　C. 杜牧

杜牧，字牧之，号樊川居士，唐代诗人，与李商隐并称“小李杜”，著有《樊川文集》。

金谷园

［唐］杜 牧

繁华事散逐香尘①，
流水无情草自青。
如暮东风怨啼鸟，
落花犹似坠楼人②。

解读赏析

JIEDU SHANGXI

“花落梦醒世已非。”

金谷园是西晋富豪石崇修筑而成的别墅，百年之后，唐代诗人杜牧路经此地，观园中景，追古人事，道胸中情。

思及往事，诗人不无叹息。曾经，金谷园里，亭台轩榭，翠柳绕堤，达官显贵们往来相送，明艳的侍女们穿花度柳。谁想风云突变，一朝失势，再不见园中人，再不复往日景，那些烟柳繁华事如香尘般随风飘散，了无痕迹。然而，逝去的只是人和事罢了，金谷园却历经时代变迁留存至今。废园之中，年年复年年，春草又绿，流水潺潺。

逝者如斯，草木无情，使得本就敏感的诗人心下更加凄然。黄昏初起，东风和暖，鸟鸣清脆，本是常态，但落在诗人眼里，其景也悲凉，其声也哀怨。正如王国维所说：“以我观物，故物我皆著我之色彩。”

诗人的心思在“我”与“物”之间流转，既以我观物，又以物喻人，结句即用“落花”比喻“坠楼人”，二者形相似、情相通。落花漂泊零落，最终成泥化尘；绿珠毅然赴死，最终血溅楼前。

花落能再开，生命却不能重来，绿珠的结局是悲剧的，诗人将对绿珠命运的怜惜贯穿全诗，融情于景，借景生情，字里行间散发出浓浓的感伤，悠然不绝，无限叹惋尽在其中。

①香尘：沉香之末。
②坠楼人：指石崇的爱妾绿珠。

诗词AB面

SHICI AB MIAN

“以我观物”的诗词观

很多时候，诗人的心境决定了其笔下万物所表现出的情感状态。譬如本诗之中，“流水”和“草”，流水潺潺，青草新绿，本是再普通不过的自然意象，但诗人说“流水无情草自青”，只因诗人当时带着愤懑而痛惜的心境感知外物，所以流水无情，就连鸟鸣也是哀怨的。

王国维在《人间词话》中说：“以我观物，故物我皆著我之色彩。”即诗词作者用自己的眼光看待外物，外物因此皆焕发出作者的情感色彩。王国维还特意举出两例“以我观物”的诗句，如“泪眼问花花不语，乱红飞过秋千去”“可堪孤馆闭春寒，杜鹃声里斜阳暮”。而“以我观物”的诗词观使我国古代文学作品的品评多了一丝哲学意蕴。

诗词小真相

SHICI XIAOZHENXIANG

“三生杜牧”的意象由来

从词本身的意义来看，“三生”本是佛教语，即佛家所说的前生、今生和来生。那么，“三生”又是如何与诗人杜牧联系到一起的呢？

第一个在诗词里提到“三生杜牧”意象的是宋代诗人黄庭坚，他的《广陵早春》中有云：“春风十里珠帘卷，仿佛三生杜牧之。”原本杜牧“十年一觉扬州梦，赢得青楼薄幸名”的形象深入人心，当黄庭坚身处繁华之地、流连富贵之乡时，仿佛觉得自己是杜牧再生。

其后，“三生杜牧”在诗词中便成为出入繁华富贵地的风流人士的代名词，频频出现在后世文人的作品中。如姜夔《琵琶仙》中“十里扬州，三生杜牧，前事休说”，赵翼《红桥》中“三生杜牧曾游处，前度刘郎再到年”等。

同时，杜牧本人的遭遇及其在诗作中表达的情感，为“三生杜牧”这个词注入了更深层次的内涵。他内心深处有着对王朝兴衰的思索，对人生过往的追忆，对时局现状的忧虑，对盛世繁华的怀念。

杜牧三生，三生杜牧。杜牧最终将情感传诸笔下，化作词句，向世人诉说，他的作品中流露出的沧海桑田、人生如梦的幻灭感，穿越历史时空，深植在无数有相同境遇的诗人心中。

知识小问答

以下哪位名人不是“金谷园二十四友”的成员？（　　）

A. 潘安　B. 石崇　C. 贾谧

杜甫，字子美，号少陵野老，唐代现实主义诗人，被誉为“诗圣”，有《杜工部集》。

咏怀古迹五首·其三

［唐］杜　甫

群山万壑赴荆门，生长明妃①尚有村。
一去紫台②连朔漠③，独留青冢④向黄昏。
画图省识⑤春风面⑥，环佩空归月夜魂。
千载琵琶作胡语，分明怨恨曲中论。

“琴声咽，美人怨。”

这是一首借咏昭君以抒怀抱的诗。

首联生动形象地描绘了昭君村周围的地理环境。十万大山，层峦叠嶂，是何等雄奇壮观，但若只道“群山万壑”又失于刻板，于是诗人用“赴”字为群峰注入了灵魂，而昭君村便坐落在那群山万壑齐相奔赴的地方。

颔联讲述了昭君出塞的经历。诗人心游万仞，从富丽堂皇的“紫台”到北风凛冽的“朔漠”，再到清冷孤寂的“青冢”，三个地点勾勒出昭君一生的命运轨迹。自古红颜如名将，当历史舞台的灯光照亮沙漠，昭君的青冢仿佛在向后人诉说着什么。

颈联交代了昭君命运悲剧的原因。当初，宫廷选用宫人的图画不能展现昭君明媚的容貌，不得志的昭君最终自请出塞。但是，生前身后，对家乡入骨的思念始终伴随着她。月皎皎，风飒飒，昭君村空中环佩叮当，想是昭君的香魂返回故乡。

尾联回归诗题，由咏怀古迹而寄托情感。千百年来，琵琶声起，同情昭君的人们总能感受到她内心的无助。此时的诗人亦四处漂泊，心忧社稷却未被重用。

昭君出塞的悲凉遭遇唤起了诗人的身世家国之情，心内郁结难解，笔下苍劲雄浑。“分明怨恨曲中论”，既是说昭君，也是说自己，可见其胸中愤懑之意。

①明妃：指王昭君。②紫台：汉宫，紫宫，宫廷。③朔漠：北方的沙漠。
④青冢：指王昭君的坟墓。⑤省识：略识。⑥春风面：形容王昭君的美貌。

"落雁"最初是指谁

古时，人们形容一个人长得美，通常说某人有"沉鱼落雁之姿，闭月羞花之貌"。今人说沉鱼落雁、闭月羞花，也会将我国古代四大美女对号入座，"落雁"说的就是王昭君。但是，其中"落雁"最初并不是指王昭君的。

《庄子·齐物论》中说："毛嫱、丽姬，人之所美也；鱼见之深入，鸟见之高飞，麋鹿见之决骤，四者孰知天下之正色哉？"可见，最初用类似"落雁"的手法形容美人首见《庄子·齐物论》，而那个"鸟见之高飞"的美人则是丽姬。后来，传说昭君出塞途中遇南飞大雁，大雁见其美貌，惊得从空中坠落。此后，只要提到"落雁"，人们自然而然联想到昭君。

杜甫是盛唐大诗人追星链的哪一环

从传世的史料和文学作品中可以看出，偶像自古即有，追星不分古今。而古人追星的激情，从典故"掷果盈车"中便可略见一斑。那么，在盛唐那个诗人辈出、气象恢宏的年代，"诗圣"杜甫在追星与被追星之间的处境如何呢？

当然，杜甫的粉丝众多，后世尊崇杜甫的诗人中，行为最为夸张的非张籍莫属。为了能够学到杜诗精髓，他不仅呕心研习，而且将杜甫的诗集烧成纸灰，加入蜂蜜搅拌，每天吃一点，认为如此方能写出好诗。

同时，杜甫也是一名粉丝，他的偶像便是李白。"白也诗无敌，飘然思不群"，在杜甫眼里，李白"无敌"。但是，李白最为敬重的人是孟浩然："吾爱孟夫子，风流天下闻。"而孟浩然最为认可的知音是王维，他对王维说："当路谁相假，知音世所稀。"

尽管孟浩然视王维为知音，可王维内心深处最为惦念和爱重的好友却是裴迪，"相忆今如此，相思深不深"可谓是王维对裴迪真挚友情的动人表白了。

概言之，在以上几位大诗人的追星链条中，杜甫粉李白，李白粉孟浩然，孟浩然粉王维，王维粉裴迪。这看似有趣的非互粉关系中，折射出一条规律，往往那些拥有自身向往的才华能力和人格魅力的人容易成为偶像，而充满正能量地追星也是一个不断完善自我的过程。

以下哪部作品中未出现昭君这个人物形象？（　　）

A.《汉宫秋》　B.《西京杂记》　C.《紫钗记》

王维，字摩诘，祖籍山西，河东蒲州人，唐朝著名诗人、画家，世称“诗佛”。

西施咏

［唐］王　维

艳色天下重，西施宁久微。
朝为越溪女，暮作吴宫妃。
贱日岂殊众，贵来方悟稀。
邀人傅香粉①，不自著罗衣。
君宠益娇态，君怜无是非。
当时浣纱伴，莫得同车归。
持谢②邻家子，效颦安可希③。

“昔日落魄无人知，一朝得名天下闻。”

这是一首咏史诗。诗人在首句说，正因为处在天下人看重美色的时代，所以有着美艳天下的容颜的西施必不会长久处于卑微。她凭借美色一夜显贵，早上还是一名越溪上普通的浣纱女，晚上便成为吴宫妃。成名得势之前，即使西施长得美丽动人，众人也觉得没有什么特别之处，而当西施成为吴宫妃子、身份尊贵的时候，天下人便感慨她真是世间少有，纷纷向她投来艳羡之色。

接着诗人继续描述西施成为吴妃后的生活。过去身份地位低微，凡事亲力亲为，如今金娇玉贵，梳洗打扮、穿衣结带都有人服侍。吴王对她的宠爱，到了不分是非的地步，而她在君王的宠爱之下，也变得愈加娇媚。曾经跟他一起浣纱的女伴，如今身份悬殊，已经不能再同车归去了。西施的成功，有她的幸运和努力，常人不一定能够做到。因此在最后一句，诗人借西施之口表达：奉劝像邻家东施一样的人，一味“效颦”怎么能得到别人的赏识呢？

①傅香粉：即搽脂敷粉。
②持谢：奉告。③安可希：怎能希望得到别人的赏识？

西施的“响屐舞”是什么样子

西施入宫之后，吴王知道西施擅长舞蹈，便让人将御花园一条长廊的地下挖空，然后放进很多可以形成共鸣的大缸，并在上面铺上木板。西施还在裙边挂上小巧的铃铛，穿上特制的木屐。每当她穿着木屐在木板上跳舞时，脚下就会发出有节奏的“叮叮当当”的回声，裙边的小铃铛也会跟着响起清脆悦耳的声音，十分动人。

后来，人们便把西施跳的舞蹈称为“响屐舞”，并把这个长廊命为“响屐廊”。

王维为何有讽刺宁王的勇气

王维《息夫人》一诗，讽刺的是唐玄宗的兄长宁王李宪，而且是当面讽刺。据说当时李宪看到邻居家卖饼人的妻子，皮肤白皙，体态纤弱，于是极思慕之。他派人送了许多财物礼品给卖饼人，又加以权势威胁，然后将其妻子娶进府中。他非常宠爱这个妇人，恩赏往往超出一般等级。然而经年之后，李宪在宴席上问此妇人：“汝复忆饼师否？”妇人却沉默不语，无所应对。李宪派人找来卖饼人与其妻相见。二人注视，双泪垂颊，情难自禁。当时宁王正在宴饮宾客，在座十余人，皆当时文士，无不感到伤感凄凉。宁王让大家就此赋诗，王维诗先成，即《息夫人》。宁王读到此诗，大感惭愧，将妇人送还卖饼人，使终其志。

王维只是一介臣子，为何具有当面讽刺皇亲权贵的勇气呢？最重要的原因在于王维在当时社会上享有盛名，达官显贵也争相交游。出现这样的局面，不是因为王维的出身高贵，而是因为王维的才华卓著。王维刚刚入京时，就因为演奏琵琶曲《郁轮袍》和诗文得到玄宗妹妹玉真公主的赏识，玉真公主将他推荐给玄宗，获得当年科举考试的状元。他也因此名扬京师，出入王府，成为座上之宾。后来唐代宗李豫对王维的弟弟王缙说：“卿之伯氏，天宝中诗名冠代，朕尝于诸王座闻其乐章。”可见当时王维受人追捧的程度。

在诗中运用巧妙比喻“欲把西湖比西子”的作者是谁？（　　）

A. 白居易　B. 杨万里　C. 苏轼

杜甫，字子美，号少陵野老，唐代现实主义诗人，被誉为“诗圣”，有《杜工部集》。

琴台①

［唐］杜 甫

茂陵②多病后，尚爱卓文君。
酒肆人间世，琴台日暮云。
野花留宝靥③，蔓草见罗裙。
归凤求凰意，寥寥不复闻。

解读赏析

JIEDU SHANGXI

“真情之可贵，就在于独此一份。”

本诗是杜甫游览司马相如琴台遗址时思及相如与卓文君的爱情故事而写的怀古之作。全诗采用倒序手法，先写二人晚年真心不改，再写当年司马相如弹琴追求卓文君的情意，既歌咏了爱情的真挚不渝，又对那种纯真质朴、反对世俗约束以求自身幸福的精神远去表示惋惜。

首联直接引出人物：司马相如晚年因病居住在茂陵之后，依旧爱着卓文君，显示了两人爱情的长久，暗含诗歌主旨。颔联则将心中所思与眼前所见相结合：“酒肆人间世”是作者对相如与文君相爱之后，因家庭反对、生活贫困，不得不开设酒店，卓文君当垆卖酒，相如自己洗涤酒器的往事的想象；“琴台日暮云”则是作者对眼前天色将晚，浮云满布，作者漫步相如琴挑文君时所在的琴台上的场景的实写。颈联则接续上联次句写下去：看到琴台边生长的野花蔓草，诗人不禁想到卓文君笑靥如花、罗裙青碧。这既是对眼前景物的描写，也是作者的想象，是作者感情的铺垫。尾联则接续上联的铺垫进行全诗的总结：相如当年弹奏《凤求凰》以追求文君的爱情故事，在今日已经寥寥不可闻了。

全诗语言朴素自然，情景交融，巧妙地运用典故，刻画了特点鲜明的相如与文君形象，蕴含深刻的人事感慨，达到较高的艺术水平。

①琴台：汉司马相如抚琴挑逗卓文君的地方，在成都城外浣花溪畔。②茂陵：司马相如病退后，居茂陵，这里代指司马相如。③宝靥（yè）：妇女颊上所涂的妆饰物，又唐时妇女多贴花钿于面，谓之靥饰。这里指笑容、笑脸。

司马相如如何患上糖尿病

据《史记》记载，司马相如颇具文采，文章高妙，却有两个遗憾，其一是口吃，其二则是消渴之疾。口吃是天生如此，消渴则是后天之病，也就是今天人们所说的糖尿病。司马相如糖尿病的来源主要是两个方面：第一，他娶了卓文君之后，家境好转，后来又进入朝廷任职，生活条件因此变好，故而多食油腻甘甜之物；第二，他身沉体懒、不喜运动。两者结合，就催生了糖尿病，而司马相如也正是因为糖尿病身体日渐衰弱而死的。糖尿病也因此得名“相如病”“长卿病”“临邛渴”。

司马相如为何要在茂陵养老

茂陵本是汉武帝生前就开始建造、死后葬身于其中的陵墓，因地处茂乡，故而得名。西汉早期，高祖刘邦从起义军中发迹成为皇帝，因而担心他人效仿，登基之后，将关东之地两千石高官、豪富及其家眷迁徙到关中，让他们居住在当时修建的长陵附近以便管理。另一方面，经历秦汉之间的连年战乱，关中地区百业凋敝，迁入人口也有利于当地产业的发展兴旺。刘邦之后，汉惠帝、景帝、武帝、昭帝在修建陵墓之时，也从关东地区大量迁入人口，五陵地区遂成为关中最为繁华之地，因此司马相如才会选择在此地养老。

琴何以成为男女传递感情的工具

琴在古代本是一种十分严肃、高雅的乐器，据说琴有九德，象征君子。《白虎通义》里面也讲：“琴者，禁也。禁人邪恶，归于正道，故谓之琴。”本来琴与男女之间的爱情并没有什么联系，但在古代诗文中，琴常常成为男女传递感情的工具，这是怎么回事呢？

原来在《诗经》之中，琴就被男子用来传递对女子的爱慕之情了。《周南·关雎》里面写“窈窕淑女，琴瑟友之”，《小雅·棠棣》里面写“妻子好合，如鼓琴瑟”，琴瑟都承担了这样的角色。所以后来人们据此创造出琴瑟之好、琴瑟和同、琴瑟合调等成语来比喻夫妻之间感情和谐。相对的，则以琴断朱弦比喻丈夫去世、妇女早寡。

最著名的琴心相挑的故事来自司马相如和卓文君，司马相如去富豪卓王孙家做客，遇到卓王孙新寡的女儿，遂弹琴以表达自己的爱慕之意，两人就此心意相通。与此相对的故事来自南曲传奇《玉簪记》，陈妙常为女贞观的小道姑，文士潘必正进京赶考，寄居于女贞观，结果听到陈妙常弹琴的声音，为之吸引，经过交谈，两人心意相通，经历一番波折，两人终成眷属。琴在这里不再是男子表露心意的工具，而是沟通男女感情的桥梁，体现了其所有之含义的深化。

知识小问答

“五陵”不包括下列哪位帝王的陵墓？（　　）

A. 汉高祖　　B. 汉武帝　　C. 汉献帝

吟美篇

王维，字摩诘，号摩诘居士，唐朝著名诗人、画家。

息夫人①

［唐］王　维

莫以今时宠②，难忘③旧日恩④。
看花满眼泪⑤，不共楚王言。

“岂因身是女子，志向便能轻移？”

本诗是唐代诗人王维借春秋时期息夫人的故事来讽刺当时权贵强抢民妇，致使他人夫妻分别的骄奢无耻的名作。全诗以古喻今，不仅称赞息夫人坚守志向、不向强权屈服的精神，也赞颂了眼前的民妇不慕富贵、忠贞于爱情的高尚品格。

本诗前两句是以息夫人的口吻所写：不要以为今天的宠爱就能让我忘记旧日的恩情。后两句则直接引用息夫人典故阐释前句：息夫人长得很美，是陈侯的女儿，息侯的夫人。楚文王听说了她的美貌之后，就设计出兵进攻息国将她掳走。她在楚王宫中生育二子，却始终一言不发，楚王问她为何如此，她回答道：“我一介女子却侍奉了两个夫君，即便没有死去，又有什么话可说呢？”息夫人面对繁华美景，并不感到一丝欢愉，反而想起过去与息侯一起生活的欢乐时光更加悲伤，也越发厌恶眼前的楚王，怎么可能和他说上一句话呢？

本诗语言简练，情感十分饱满，通篇在议论古事，却全用记叙，无一处直写议论，使人一读便知作者之观点态度，也可见作者语言技巧的高超，此诗也被认为是王维五言绝句中的代表作品。

①息夫人：息夫人本是春秋时期息国君主的妻子。②今时宠：一作“今朝宠”。
③难忘：怎能忘，哪能忘。④旧日恩：一作“昔日恩”。⑤满眼泪：一作“满目泪”。

多才多艺的王维

王维最出名的一个评价来自苏轼，“味摩诘之诗，诗中有画；观摩诘之画，画中有诗”。

王维的诗词和画，往往清新淡远，自然脱俗，他把绘画的精髓融入诗词，以灵性的表达，或空灵、或浪漫、或生动的描绘，创造出自己别具一格的特色。神韵的淡远，是王维诗中画境的灵魂。王维的佛学修养很高，因此经常有“诗中有禅”的意境。

不只如此，王维还很擅长音乐，艺术修养颇高，这或许也跟他寄情山水、关注大自然息息相关。艺术文学不分家，王维的多种才艺相辅相成，互相渗透。

息夫人只是一名弱女子吗

息夫人在后世文人的笔下，往往以一名弱女子的形象出现，面对自己悲惨的人生命运无力反抗，其中所包含的情感则是悲伤的、哀怜的。即使如王维，也只是夸赞息夫人坚守志向、忠贞于爱情而已。然而事实上，息夫人以女子之身牵动蔡、息、楚三国政治，在时代的巨浪面前，她所做的任何选择，早已超出其自身意志，成为推动世事变迁的重要力量来源。

息夫人本是息侯的妻子，却受到蔡侯的调戏侮辱。息侯气愤不过，欲图报仇，于是与楚文王联手攻打蔡国。战胜收兵，却未料想到楚文王反戈一击，转过头来攻打息国。息夫人为保护两国人民免受战争之苦，只好告别息侯，前往楚宫以平息两国战火。

后人有传言息夫人曾在楚王出猎之际与息侯见面，二人双双殉情自杀，后人在其殉情地种桃花林修桃花庙以为纪念，息夫人也因此被称为“桃花夫人”，后代诗人杜牧等人皆针对此事有所评述，最著名的莫过于邓汉仪的“楚宫慵扫眉黛新，只自无言对暮春。千古艰难惟一死，伤心岂独息夫人”。

但实际上，所谓的殉情而死只是后人的想象，息夫人到达楚宫之后，为文王生育两子，后来又辅佐幼子楚成王铲除逆臣子元，选贤才、赦天下、劝农桑，为楚国的兴盛奠定了坚实基础。息夫人的名声并非源于其美色，更是因为其超出常人的勇毅和智谋。

息夫人与以下哪个国家没有产生联系？（　　）

A. 宋　B. 蔡　C. 楚

吴均，字叔庠，南朝梁文学家、史学家。

登二妃庙

［南北朝］吴　均

朝云乱人目，帝女湘川宿。
折菡①巫山下，采荇洞庭腹。
故以轻薄好，千里命舻舳②。
何事非相思，江上葳蕤③竹。

“岁月有时尽，相思无绝期。”

本诗是南朝诗人吴均登临祭祀娥皇、女英的二妃庙时，见到江水滔滔，绿竹葳蕤，有感于娥皇、女英对爱情的忠贞不改，所写成的五言古诗。全诗情景交融，又将想象与现实充分结合，使得全诗意境格外悠远，情感更加深刻。

首句先写作者登上二妃庙的所见：朝霞灿烂，炫目迷人。作者由眼前美景想到娥皇、女英二人当年停宿于湘水之畔，想必也见到了这样的美景。次句则接续前句，继续写娥皇、女英当时在这里游玩的场景：她们在巫山之下折取还未开放的荷花，或在洞庭湖中采摘荇菜。这里所写的场景还都是欢欣愉悦的，但到了下句，情绪出现了极大转折：听闻夫君大舜去世的消息，只盼望船越轻薄越好，不远千里，乘船而行。末句进行总结：到了这里之后，夫君已经去世，处处都惹人相思，江边的茂密竹林郁郁葱葱，更显得丧夫之苦深重。事实上，娥皇、女英最终还是投江而死了，但作者没有把这一结局写出来，只是以景指事，用江畔洒满斑斑泪痕的竹子隐喻这一事件，使得全诗具有“意见于言外”的艺术效果。

全诗用“朝云”“巫山”隐喻男女感情，又用“折菡”“采荇”表现女子情态，体现了六朝诗歌善于用典的特征。此外，本诗采用了前后对比、虚实结合的写作手法，增强了表现力，具有较强的感染力。

①菡：荷花花苞。②舻舳：船头和船尾，这里指船。
③葳蕤：纷多繁盛。

尧舜之间的禅让是后人的虚传吗

中国上古时期的贤君唐尧、虞舜闻名于后世，他们二人的生平事迹有许多也流传至今，但最著名的还是二人之间的禅让之举。

据说唐尧年老，但没有把统治天下的权力交给自己的不肖子丹朱，而是交给了贤德的虞舜。但先秦史书《竹书纪年》里保存了另一种说法："舜囚尧，复堰塞丹朱，使不与父相见也。""舜囚尧于平阳，取之帝位。"

实际上，尧舜在位之时依旧属于部落联盟统治的时代，权力的更迭背后是部落势力此消彼长的权衡较量，不可能是一帆风顺、平安祥和的，后人所谓的禅让更多的是对当时流血战争的掩盖和美化。

被文学耽搁的史学家——吴均

吴均是南朝时期著名的文学家，他的文章"清拔有古气"，时人称之为"吴均体"。

吴均擅长景物描写，如《与朱元思书》："风烟俱净，天山共色，从流飘荡，任意东西。"风格清新自然，都是不可多得的佳作。他的诗歌如《行路难》《从军行》等，后人评价其有鲍照清新刚健之风采。此外，他还创作小说，撰成《续齐谐记》，其中的七月七日牛郎织女相会、五月五日食粽纪念屈原等故事广为流传。

但如果让吴均自己来选，他可能更愿意当一名史学家。他在梁武帝手下为官，想要撰写前朝南齐的史书。但梁武帝本为南齐大臣，起兵迫使他拥立的傀儡皇帝萧宝融禅位于己才建立了梁朝，自然不愿意有人记载其事，故而拒绝了吴均求借《齐起居注》及《群臣行状》和撰写《齐书》的请求。

后来吴均还是私自撰写《齐春秋》，书里面直接将梁武帝称之为齐明帝佐命大臣，帝厌恶其实录旧事，给这部书盖上"不实"的恶名，下令焚毁，吴均也因此失去官职。但吴均在史学上的其他成就仍然不可忽视，他曾为范晔的《后汉书》作注，写成《庙记》《十二州记》等作品。他的史学理想还是在一定意义上实现了的。

知识小问答

以下哪位女子不是舜的嫔妃？（　　）

A. 娥皇　B. 貂蝉　C. 女英

吟美篇

李商隐，字义山，号樊南生，晚唐著名诗人，与杜牧合称“小李杜”，著有《李义山诗集》。

马嵬①二首·其一

［唐］李商隐

冀马②燕犀动地来，自埋红粉③自成灰。
君王若道能倾国④，玉辇何由过马嵬。

“起势大笔大墨。”

如题所言，这首诗以李隆基（唐玄宗）、杨玉环（杨贵妃）的故事为抒情对象，在咏叹马嵬事变。在晚唐国势颓危的氛围下，李商隐对历史抱着更多的是批判意识，对政治拥有更多的是拯救情绪，从而以痛恨荒淫误国者的心情，写下这首有讽喻之意的七绝。

“风云突变，安禄山举旗造反，叛军震天动地地杀到长安，无可奈何杀死宠爱的妃子，唐玄宗自己不久也抑郁死去。”首二句说的是唐天宝十四年，东平郡王、三镇节度使安禄山从范阳起兵叛乱的历史事件，事件的结局是在逃难路上，六军威迫唐玄宗下令缢死了“红粉”杨玉环。唐肃宗乾元元年初，玄宗抑郁而死。

后二句直接表达了诗人对唐玄宗的强烈批评：“如果说唐玄宗真认为杨贵妃具有倾覆邦国之能，皇帝的玉辇为什么要仓皇地逃往马嵬？”在历史上，杨贵妃拥有绝色，“倾国倾城”，以至于“从此君王不早朝”。果然，在危难时抛个媚眼，安禄山便会为杨玉环“倾马倾人”。

两个“自”字最凄惨，包含了唐玄宗的无限痛苦，不得已杀了杨玉环，又不得已让自己的真情变为一片死灰，面对这般的生死分离，尽管误国误民，内心却油然而生一种恻隐之心。“起势大笔大墨”，结束时却不自觉生了一份怅惘。

①马嵬（wéi）：地名，杨贵妃缢死的地方。②冀马：古冀州之北所产的马，亦泛指马。
③红粉：妇女化妆用的胭脂和铅粉。借指美女，此指杨贵妃。④倾国：形容女子极其美丽。

马嵬事变是何场景

安史之乱带来的王朝破裂是突然发生的。无可奈何之下，唐玄宗一行花了两天到达金城马嵬驿，一路上，由于地方官员纷纷弃职而逃，再也没有从前那般盛迎圣驾，吃的饭都是从百姓中凑合而来，可落难的皇家成员却狼吞虎咽，看到这般情景，唐玄宗抢面哭泣。

在动态的发展下，太子李亨见此是报复杨国忠嚣张气焰的最佳时机，立刻与禁军首领、龙武大将军陈玄礼密谋，决定采用武力手段收拾杨国忠。

杨国忠之子、韩国夫人、秦国夫人以及前来阻拦的御史大夫魏方进同时被士兵杀死，杨国忠的妻子裴柔和虢国夫人携带二子一女虽急忙逃，但还是被当地官吏追赶捕杀。这时，唐玄宗并不惋惜，可听到士兵要求处死杨贵妃——“杨国忠谋反，贵妃不宜供奉，请皇帝陛下割爱正法”，他慌了，但事出无奈，只能低首屈服，悲伤地与贵妃泣涕相别。

无论历史上杨贵妃是如何死的，陪伴了唐玄宗十七个春秋的她，以自己三十八岁的生命，终究死在驿舍内的一所佛堂里，换来了玄宗的平安，平息了将士的愤怒。

可这一场死亡，不过被史学家凝练成了四个冷冰冰的、没有任何感情的字——马嵬事变。

唐朝励志哥李商隐

一言概之，李商隐生不逢时。

他出生的那一年是晚唐，大唐盛世已经在公元755年的安史之乱中耗尽元气，再也无法扭转日薄西山的命运了，哪怕依旧是没落贵族的余脉，却也不过是洪流中的一粒泥沙，被裹挟着，江河日下。

大环境如此，小环境也并不坚强。六岁时，父亲去世，童年庇护的快乐时光戛然而止，至此之后，李商隐无家可归，日日逃亡。

不过，他是一个坚强的人，他每天都在努力地活着。最开始，为了谋生养家，他到洛阳替人抄书写字为生，想到自己年幼经历的磨难和怀才不遇的郁闷，他的心中郁结万分，抑制不住思绪，写就一篇文辞华美的《才论》，一举成名。

这个有着寒苦身世的十六岁的儒雅俊逸少年，终于凭借着机遇和满腹才华，顺利进入了上层贵族文艺圈。

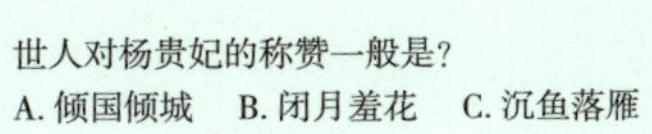

世人对杨贵妃的称赞一般是?　（　　）

A. 倾国倾城　B. 闭月羞花　C. 沉鱼落雁

李商隐，字义山，号樊南生，晚唐著名诗人，与杜牧合称“小李杜”，著有《李义山诗集》。

马嵬二首·其二

［唐］李商隐

海外徒闻更九州，他生未卜此生休。
空闻虎旅[1]传宵柝，无复鸡人[2]报晓筹[3]。
此日六军同驻马，当时七夕笑牵牛。
如何四纪[4]为天子，不及卢家有莫愁。

“非杜诗无此笔力。”

这是一首政治讽刺七律诗，矛头直指李唐前朝皇帝唐玄宗。前六句诗，都在批判唐玄宗，层层递进，已达到最高点，最后用需要进行许多探索才能给出全面回答的一问结尾，丰富批判的内容。

开首“传说，天下九州之外，尚有大九州。恐怕他们的今生，缘分已尽，而来世，尚且未知。相守与分离，有与谁知”，直说九州更变，四海翻腾，海外徒然悲叹，而“他生”之约，难以实现。次联“回想明皇当年，暂驻马嵬，空闻金柝声，不见宫室繁华。短短几夕间，物是人非，斗转星移，岂料玉颜已成空”承上，暗指杨玉环被缢于马嵬事。

第三联“胞弟不正，三军怒斩其妹。那夜的天，正如那晚在长生殿嗤笑牛郎织女的天”，转入现实，讲述了杨贵妃被赐死之日的场景，把六军愤慨之情与长生殿秘密之誓，相映成趣，议论深刻，笔锋犀利。尾联“谁料，竟然连牛郎织女也不如。想来天子也不过如此，连自己心爱的人都无法保护。早知如此，倒不及小家的莫愁女了”，以反诘语气反衬作结。

为什么当了四十多年的皇帝唐玄宗还不如普通百姓能保住自己的妃子呢？这是一句感叹，却也是一句叹息，拥有再高的权力和地位，也无可奈何。

①虎旅：指跟随玄宗入蜀的禁军。②鸡人：宫中专传鸡鸣以司晨的人。
③筹：计时的用具。④四纪：十二年为一纪。玄宗在位四十五年。

马嵬驿兵变

马嵬驿兵变是公元756年7月15日唐玄宗逃至马嵬驿（今陕西兴平市西北二十三里处），随行将士处死宰相杨国忠，并强迫杨玉环自尽，史称“马嵬驿兵变”。

756年叛军攻破长安门户潼关，乙未（十三日）玄宗出逃，丙申（十四日）玄宗一行到了马嵬驿，随从的将士因为饥饿疲劳而心中怨恨愤怒，随即发生兵变。最终杨国忠、杨玉环被杀，兵变平息。

此后不久，太子李亨在灵武自行宣布即帝位，遥尊玄宗为太上皇。

杨贵妃真的那么无辜吗

自唐朝以来，写马嵬兵变的诗词很多，大多数都是归罪于杨贵妃，责其媚上误国。但李商隐则是另开思路，借咏史来讽刺唐玄宗荒淫误国，虽然贵为天子，竟然不能像平常百姓那样保住妻子，其中也有感叹命运无常的意思。

但细细思考，当时社会背景那么复杂，杨贵妃难道只能要么罪大恶极，要么无辜受害吗？

虽说古代红颜多是男权社会的“牺牲品”，但杨贵妃的死，她自己也并不是毫无责任。

杨贵妃并没有很大野心，相较而言，已经算是很安分的宠妃。但杨氏家族的腐败，早已经让天下人都恨得咬牙切齿，杨国忠等人的死，完全是罪有应得。她受杨家牵连，加上替唐玄宗受过，从这个层面讲，的确有无辜的成分。可如果不是她纵容杨氏家族为所欲为，“配合”唐玄宗万年的荒唐，也不至于如此。

杨贵妃是杨氏家族恶贯满盈的主要源头，也是唐玄宗执政不当的牺牲品，她的死，一定程度上缓解了当时百姓的怨声载道。随着时间的推移，杨贵妃也跟诸多“红颜祸水”一样得到了同情。

下列不属于“九州”的是？（　　）

A. 扬州　B. 豫州　C. 杭州

曹雪芹，名沾，字梦阮，号雪芹，又号芹溪、芹圃，中国古典名著《红楼梦》作者。

姽婳词

［清］曹雪芹

姽婳将军林四娘，
玉为肌骨铁为肠。
捐躯①自报恒王后，
此日②青州③土亦香！

"明言闺阁，实写政事。"

此诗是《红楼梦》第七十八回里一首悲壮、荡气回肠的旧体诗，由贾兰所作，与贾环的《姽婳词 · 红粉不知愁》、贾宝玉的《姽婳词 · 恒王好武兼好色》为一脉。

在当时，诗词已经处于没落的趋势，而旧体诗赋的没落更为明显。而即使完全抛开《红楼梦》这部小说，《姽婳词》也是一篇当时非常难得的佳作，主要体现在突出表现了诗人在政治观点上的矛盾：一方面不满封建制度，一方面又想拯救制度；一方面憎恶政治腐败、现实黑暗，一方面又为清帝国的命运担忧；一方面同情奴隶们的痛苦和屈辱，一方面又反对奴隶们用暴力来推翻现存的制度、争取自身的解放。

诗人以当今皇帝褒奖前代所遗落的可嘉人事为名，指桑骂槐，揭露和嘲笑当朝统治者的昏庸腐朽和外强中干的虚弱本质，这是非常具有进步性的，实际上，诗人并未脱离自己的阶级，他把封建王朝在农民起义风暴的猛烈扫荡下的土崩瓦解看成是一场灾难，也因此对向革命势力做拼死顽抗的林四娘大加赞美。

如此，"闺阁"才是"政事"的影射。

①捐躯：抛掉自己的生命。②此日：捐躯的那一天。
③青州：府名，在山东，明初改益都路置，治所在益都（今益都县）。

一千个读者就有一千个《红楼梦》

提起“满纸荒唐言，一把辛酸泪”，人们都会想起《红楼梦》，可对《红楼梦》的感受，却人人都有自己的独特性。

张爱玲批判《红楼梦》的后四十回，她从青年时代就开始读《红楼梦》，对红学有着独到的见解，她认为高鹗所续后四十回使整部小说都没有了灵性，全然不顾整个故事的完整性，“削皮削骨”，将观众的视线都拉到了两女争一男的俗套“三角恋情”上。

毛主席也曾评价过《红楼梦》，认为它不仅是一部小说，而且可以将其视之为一部历史书，细细品味清代的民俗风情和社会人情。

蔡元培只觉得《红楼梦》表达了一腔的民族主义情感，意在悼明亡之殇，批判清朝的腐朽统治，为汉之名士哀叹惋惜，俨然一部清朝政治小说。

在王国维眼中，《红楼梦》是一部哲学著作，整部书中闪烁着中国灵魂和精神，寄托着近代知识分子救国图存的信念。

一千个人看《红楼梦》，就有一千种想法。

凄凄惨惨戚戚——曹雪芹

曹雪芹是中国四大名著之一《红楼梦》的作者，他出身世家，过的是锦衣玉食的生活，但后来被抄家，被迫迁回老宅，只能以卖字画和朋友救济生活。

儿童时期的曹雪芹非常顽皮，不喜欢四书五经，也不喜欢科举考试，祖母对他非常溺爱，而他的文学造诣能够如此出色，得益于家庭环境。曹家家学渊深，生活在这里，他从小博览群书，十分喜欢诗书和小说类杂文。

雍正五年，因在朝廷中站错位置，导致曹家迎来灾难，被问罪抄家，从最初的世家日益衰落。从富足到穷困潦倒，曹雪芹都经历过了。

最凄惨的莫非晚年，他四十八岁的时候，幼子患病，没有药物可以治疗，但即使有药物，曹雪芹也买不起，穷困潦倒。因得不到有效医治，幼子就这样去世了，他自己也患病不起，没有熬过去，去世了。据说曹雪芹死的时候是除夕，在这个万人皆喜的日子里，他悄然逝去。

在王国维眼中，《红楼梦》是一本带有什么性质的书？（　　）

A. 政治　B. 文化　C. 哲学

曹雪芹，名沾，字梦阮，号雪芹，又号芹溪、芹圃，中国古典名著《红楼梦》作者。

五美吟·红拂

［清］曹雪芹

长揖雄谈态自殊，美人巨眼识穷途。
尸居余气杨公幕①，岂得羁縻②女丈夫③？

“诗胆如铁。”

《红拂》出自清代小说家曹雪芹所著小说《红楼梦》，是一首七言绝句，在小说中，此诗由林黛玉所作。这首诗用词豪爽，通篇引用红拂的豪爽事迹，与现实中林黛玉慢慢耗尽自己的生命形成鲜明对比，这种理想与现实之间的反差，强化了作品的悲剧意味。

首句“长揖不拜雄辩善谈神态不凡”写李靖，当时李靖去见杨素时，还只是个布衣平民，杨素态度十分傲慢，故李靖只长揖而不拜。次句“红拂眼光敏锐地看出穷途中的英豪”写红拂的远见卓识。

后两句“杨素那死气沉沉腐朽将亡的府署，怎么能够困留得住女中的大丈夫”写红拂逃离杨素府的事。杨素虽然位高权重，却已是“尸居余气”；而李靖一介布衣，尚未发迹，但气宇不凡，必有一番大作为。

这首陈词慷慨、磅礴有力的诗是林黛玉《五美吟》中格调最为昂扬的一首，歌咏红拂事迹，赞美了精神上的知己之情和不拘流俗的气概，表达诗人不甘屈服于环境的束缚，大胆追求自由和美好理想的强烈愿望。

①杨公幕：指杨素的府署。②羁縻（jī mí）：束缚、留住。
③女丈夫：指红拂，后人称她与李靖、虬髯客为“风尘三侠”。

林黛玉叛逆得不够彻底吗

古往今来，所有热爱《红楼梦》的人都会对林黛玉印象深刻，她很美，她多病，她叛逆，可是不够彻底。

在《林黛玉进贾府》中，曹雪芹对黛玉的出场浓墨重彩地描写，其中描述的“愁”“娇”“病”“弱”等字，直指林黛玉虽美得不可方物，但是一身病态，非常明显。身体的病虽重，内心的病才最深刻。林黛玉是整部《红楼梦》中极具反抗精神、叛逆精神的女性之一。可是，虽然叛逆，却叛逆得不够彻底。

林黛玉提倡自由恋爱，可又不敢自由恋爱。宝黛二人情根深种，将彼此视为此生唯一的精神伴侣，认定对方才是彼此心中所爱。可是，当得知宝玉订婚，她所做的就是糟践自己的身子，只求速死。

林黛玉敢与宝玉一起偷读禁书《西厢记》，但不敢接受宝玉的表白。这是最可怕的，想了一半又不敢想了，做了一半又不敢做了。真正的叛逆是大胆放肆地去反抗、去争取到底。

《红楼梦》里的贾宝玉——曹雪芹

很多读过《红楼梦》的人，都对作者曹雪芹的生平充满好奇，这个生活在两百多年前的文人，是在什么样的环境下写出了传世名著《红楼梦》，又有着怎样跌宕起伏的人生经历？现实生活中的曹家，是同《红楼梦》里的贾府一样，从富极一时权倾一方到被抄家流放走向衰落的。

雍正登基后，清查苏州织造李煦亏空，继而李煦被革职查办，接着年羹尧倒下，波及平郡王纳尔苏，曹家继任的织造曹頫也陷入极度的不安和惶恐之中，就这样，曾经与曹家一荣俱荣的豪门，此时已有一损俱损之兆，这一点与《红楼梦》里的贾史王薛四大家族的“一荣俱荣，一损俱损”的关系极其相似。

曹雪芹的少年经历，跟《红楼梦》里的贾宝玉少年时期的经历几乎如出一辙。曹雪芹出生于南京，成长于江宁织造署，家是当时南京第一豪门，他姑姑是平郡王妃，表哥福彭是他少年时期最亲密的伙伴。

幼年时期的曹雪芹，有过一段无忧无虑的时光，弟弟棠村出生前，他是曹家众星捧月似的人物，上面有奶奶孙太夫人、亲妈马夫人、名义上的继母王夫人的疼爱，身边有金凤、双燕两个丫鬟贴身服侍，还有舅姥爷李煦的孙女李玥小姐的陪伴，这一切，都与《红楼梦》里的贾宝玉惊人相似。

下列不属于《林黛玉进贾府》中，曹雪芹对黛玉出场的描写的是？（　　）

A. 愁　B. 娇　C. 欢

曹雪芹，名沾，字梦阮，号雪芹，又号芹溪、芹圃，中国古典名著《红楼梦》作者。

五美吟·虞姬①

［清］曹雪芹

肠断乌骓夜啸风，虞兮幽恨对重瞳②。
黥彭甘受他年醢，饮剑③何如楚帐中？

“为现实所感。”

这首诗是清代作家曹雪芹在《红楼梦》中创作的，是《红楼梦》中林黛玉惜“古史中有才色的女子”的寄慨之作。

关于《五美吟》，书里这般说道：“曾见古史中有才色的女子，终身遭际令人可欣、可羡、可悲、可叹者甚多。胡乱凑几首诗，以寄感慨。”贾宝玉恰好翻见，将这组诗题为《五美吟》。《五美吟·虞姬》是其中之一。

这首诗中的议论原本是借古讽今，为现实感受而发。林黛玉鄙薄反复无常、苟且求荣、甘心得到耻辱下场的黥布、彭越，觉得不如虞美人“饮剑”于楚帐，是借此寄托她自己“质本洁来还洁去，强于污淖陷渠沟”的意愿。

总体来看，《五美吟》写的都是关于死亡或别离的内容，有的还涉及事败或者获罪被拘系。具体来看，这首诗是想借古代历史上的人物命运，书写现实感触。

①虞姬：项羽的侍妾。
②重瞳：指项羽。③饮剑：自刎。

虞姬爱不爱项羽

众所周知，西楚霸王项羽一生中最爱的女人是虞姬，那么虞姬到底爱不爱项羽呢？历史上的种种痕迹表明，她爱他。

第一，在项羽还未起兵之前，虞姬就跟随着他，从中可看出些许端倪，虞姬当时并不在意项羽是否拥有金钱和财富、权力和地位，爱没有任何附加条件。

第二，虞姬跟随在项羽身边时，对项羽无微不至地关心和照顾，爱所爱，呵护好所爱的人，是一件多么快乐的事。

第三，项羽兵败如山倒，陷于绝境，虞姬挥剑自刎，爱之切痛之深，牺牲自己，多么悲壮，多么豪迈。

其实历史上能和虞姬比美貌的女人有不少，但能比得上虞姬的勇气、专一和智慧的女人不多。潇洒赴死有几个人能做到？从一而终像天上仙女一样不带一丝凡俗之事有几个人能做到？在四面楚歌的严峻情势下，为了大局，为了心爱的人，毅然选择自刎，又有多少人可以做到？

戏如人生——曹雪芹

文坛巨匠曹雪芹的一生如同经历了一场梦幻，早年过着衣食无忧、富贵尊荣的日子，遭抄家之祸后，一落千丈，住进陋室，食不果腹。

曹家曾是贵族，他的高祖曹振随顺治入关，为清朝开国定鼎立下汗马功劳，他的曾祖曹玺，祖父曹寅，父辈曹颙、曹頫三代四人连续任江宁织造达六十年之久，曹寅还做过四任盐政，聚敛了大量财富；不仅如此，他的曾祖母孙氏是康熙皇帝玄烨的乳母，祖父曹寅又是玄烨的侍读。

史载，康熙六次南巡，四次都住在曹寅府中，为了奉承最高统治者以图永保禄位，四次接驾时，曹寅不仅倾注全家财力，还挪用库银数十万两，在经济上造成了巨额的亏空，给曹家种下了衰败的祸根。

面对巨债，曹寅心急如焚，却也无力弥补，最终于康熙五十一年（1712年）一病不起，死在扬州。奏折上说：弥留之际，核算出亏空库银二十三万两，但曹寅已经没有资产可以补上了。康熙无奈，想出各种安排竭力完善，但雍正即位后，接连颁布谕旨，开始在全国上下大张旗鼓地清查钱粮，追补亏空。一再声明，凡亏空钱粮的官员，一经揭发，立刻革职。

一开始曹家并没有被治罪，但问题出在曹家负责的缎匹衣料质量上，被圈职受审，情急之下转移财物，企图隐蔽，导致雍正发怒，查封全部财产。近百年荣华富贵的世家大族，从此结束了钟鸣鼎食的“繁华盛世”。

其实，曹家的衰败是一个复杂的社会现象，它有一个长期的演化过程，它的结局有自身原因，也有统治者的原因，不能单一而论。

知识小问答

下列不属于《五美吟》写的内容的是？（　　）

A. 死亡　B. 团聚　C. 别离

杜牧，字牧之，唐朝诗人，与李商隐合称“小李杜”。

题木兰庙①

［唐］杜　牧

弯弓征战作男儿，梦里曾经与画眉②。
几度思归还把酒，拂云堆③上祝明妃④。

“替父从军扮男儿，思归把酒奔画眉。”

唐武宗会昌年间，作者任黄州（今湖北黄冈）刺史，在游览当地木兰山后有感而发为木兰庙所作的一首题诗。诗歌简洁凝练地叙述了花木兰女扮男装、替父从军的传奇事迹，细腻刻画与剖析了花木兰奔赴疆场、戎马倥偬时的矛盾心理，通过花木兰祭奠昭君的举动，巧妙地将两位爱国爱民的女性联系在一起，歌颂其先国后家的牺牲精神及坚强隐忍的非凡气概。

前两句概括叙述了花木兰女扮男装的事迹，高度评价了她沙场作战的勇猛，又通过梦中画眉的梳妆情景，流露出她内心的少女情怀与柔情向往，弯弓征战与梦里画眉形成强烈对比，从侧面衬托出花木兰复杂矛盾的内心世界。后两句承接上文，深化人物性格，表现了花木兰在思念亲人、恢复身份和国家大义之间的挣扎纠结，最后以酒祭明妃来纾解愁绪，继续保家卫国的男儿生涯。

诗歌语言清简明丽，叙事婉转动人，思想蕴含丰富。以简练之笔叙述木兰事迹，表现了人物的矛盾心理及思乡之情，作者合理想象了木兰祭祀明妃的情景，将木兰心绪和昭君心境融为一体，赞扬木兰和昭君勇于牺牲、奉献自我、报效国家的崇高精神。

①木兰庙：在今湖北黄冈木兰山。②画眉：指代女子生活。
③拂云堆：在今内蒙古乌喇特西北。④明妃：即王昭君。

画眉：流传千年的美容技术

我国古代女子对画眉十分重视，画眉又称扫眉、描眉，画眉前要先修面，即剃去或修理眉毛，再用黑色颜料代而画之。因画眉备受重视，画眉的材料“黛”不仅多种多样，而且成为与“粉”并称的化妆材料，粉白黛黑是古时常见的说法，“粉黛”也渐渐成为古代化妆品的代称。

最早的画眉材料是“黛”，在汉代就开始使用，这是一种黑色矿物，又叫“石黛”，即今天的石墨。画眉时要先将石黛用石砚研磨成粉，然后加水调和使用。除石黛以外，还有绿色的铜黛、从西域传入的青雀头黛及原产于波斯的螺子黛。螺子黛经过加工成为各种规定形状的黛块，使用时蘸水即可，无须研磨，又称为“画眉墨”。

画眉不仅历史悠久，而且各朝各代流行不同。画眉可追溯至西周，那时女子崇尚细长轻扬的蛾眉。先秦两汉至南北朝，风行青绿色黛眉。唐朝时受杨贵妃的影响，皇宫中一度流行起黑眉，但广眉和细眉依旧流行不悖。广眉是将眉形描得又短又阔，且眉的末梢微微上翘。宋代的眉形千姿百态，仅在西蜀，就有小山眉、垂珠眉、月棱眉、分梢眉等十余种样式。

杜牧出行一举三得——视察、游历、治病

唐武宗会昌二年（842年），杜牧被外放为黄州刺史。唐朝时重京官，轻外职，朝廷官员大多希望在京城任职，不愿担任外放职务，且黄州属于下州，被视为陋郡，杜牧的此次任职无异于贬谪，但是他依旧关心民生疾苦，这也是他第一次担任地方长官。

初抵黄州，杜牧就立即计划去下辖的黄冈、黄陂、麻城三县视察，既了解民生，又寄情山水。闻黄陂是木兰故里之后，他就带着随从出行此处，当地县令接待了他。黄陂县令见杜牧患了眼疾，便进言道木兰山上的道观长老有一治疗眼疾的祖传秘方。杜牧便赶往木兰山，抵达后便拾级而上。木兰山原名建明山，又因山形地貌似牛头、如壮狮，亦称牛头山、青狮岭，巾帼将军花木兰从这里走出后，在南北朝之梁朝（510年）时，正式更名为木兰山。木兰山因雄壮身姿、动人传说、巍峨殿宇而闻名，成为文人香客朝觐之所。

杜牧登上木兰山后，便前去拜谒了中心庙宇木兰庙，服用了长老配制的夜明砂，第二日眼疾便痊愈了。趁此时机，杜牧观赏了庙中的塑像与壁画，《木兰诗》中的一景一幕皆浮现在他的脑海中，便作下了这首委婉动人的《题木兰庙》。

宋代郭茂倩的《乐府诗集》将北朝民歌《木兰诗》归入（　　）。

A.《相和歌辞》　B.《横吹曲辞》　C.《杂曲歌辞》

陆龟蒙，字鲁望，号江湖散人、甫里先生、天随子，唐朝诗人。

吴宫①怀古

［唐］陆龟蒙

香径②长洲③尽棘丛，奢云艳雨④只悲风。
吴王事事须亡国，未必西施胜六宫。

“家国兴亡自有时，吴人何苦怨西施？”

这首吴宫怀古之作通过描写荒芜凄凉的吴宫遗址，回首历史往事，一反前人论调，认为西施不应担负吴国灭亡的责任，吴国灭亡并非西施远胜六宫的美貌，而是吴王骄奢淫逸的行为导致，批判讽刺吴王的同时，警示了当朝统治者。

首句以地点起笔，开门见山，点明主题，用荆棘丛生的吴国宫苑营造了冷凄萧瑟的氛围，暗含作者对吴宫今昔变化的叹息。次句描写吴王的荒淫无道，“悲”字奠定了全诗悲凉冷落的感情基调，为下文抒发作者对历史的独到见解打下基础。后两句表达了作者对吴国灭亡的看法，进一步将吴王和西施进行对比，丰富人物形象，从而鲜明有力地揭示了主题，针砭时弊地指出统治者的决策举措才是国家兴亡的关键。

全诗前两句写景叙事，渲染氛围情调，后两句议论抒怀，形象生动地表达了对吴王西施的评价。作者面对吴宫荒芜悲凉的景致，站在历史高度重新审视了吴越之事，寄予了作者内心深沉的历史厚重感，否认西施亡吴的传统之说，认为吴王的荒淫腐朽导致了吴国的最终结局，怀古讽今地表达了对晚唐统治者能以史为鉴的期许建议。

①吴宫：馆娃宫，在今江苏苏州灵岩山。②香径：采香径，在今江苏苏州香山。
③长洲：长洲苑，吴王夫差游猎的宫苑。④奢云艳雨：指吴王奢侈淫乐的生活。

灵岩山上馆娃宫，五里湖畔有蠡园

春秋战国时期，越王勾践被吴国俘虏，九死一生回到越国决定复仇雪耻，命大夫范蠡挑选美人进献给吴王夫差。范蠡选中了苎萝村的一位浣纱姑娘西施，用了三年培养她，两人渐生爱意，约定在吴国灭亡后再相会吴城。

吴王夫差自打败越国后便觉得高枕无忧，得到西施以后对她十分宠爱，但西施到了吴国以后，思念成疾，闷闷不乐。西施的多愁也急坏了吴王，他便想尽办法令西施开心。吴王就在象山，也就是现在的灵岩山上花五年时间为西施建造了一座金碧辉煌的行宫——馆娃宫。因西施喜爱弹琴，吴王在象山的最高处建造了一座雅致琴台，让宫女们在通往琴台的长廊上穿着木屐跳舞，自己与西施在琴台饮酒操琴。

就在吴王沉湎声色、不理朝政之时，越王勾践卧薪尝胆，进军吴国。吴军毫无防备，被越军重重围困，越国打了胜仗，越王想要加封西施，但是他的妻子不同意，认为西施能令吴国灭亡，也会给越国带来不幸，想要将她处死。西施真正的结局，目前未有确论。但人们更倾向于相信她被范蠡救走，一同归隐了。

因战乱无奈隐居的诗人——陆龟蒙

唐朝诗人陆龟蒙出身于书香门第，祖上六代皆在朝为官，父亲陆宾虞官至侍御史。陆龟蒙自身也是才华横溢、品行端方，本应仕途畅达的他却屡考进士不中。因唐朝末年，农民起义，惯例造反，社会动荡不安，科举也不能正常进行。唐懿宗咸通九年（868年）陆龟蒙应试却因庞勋造反未能如愿，他向好友皮日休倾诉了空谈策论的无用、放弃考试的无奈，便在太湖边定居，捕鱼耕地。唐僖宗乾符四年（877年）举行秋季贡举，距离上次春试已经十年，好友皮日休担任太常博士，主持这次科考，力促陆龟蒙应试。陆龟蒙在科举与隐居之间举棋不定，当他决意赴试时却又因王仙芝黄巢起义而未能成行。

身处乱世的陆龟蒙最终在甫里（今江苏苏州）过着隐居生活。但甫里地势低洼，雨季易被淹没，于是他背着铁锹畚箕，带领农夫们治水修堤，洪水再未越过堤坝。陆龟蒙又开辟茶园，种茶品茗。无论春夏，身体好时的陆龟蒙带上书籍笔墨，钓具茶饮，划船畅游，他自称江湖散人、甫里先生。在兵荒马乱的唐朝末年，出身于官宦世家的陆龟蒙失去了干预政治的信心，放弃出仕，决意隐居，漂泊江湖，这也是唐朝末世文人墨客的缩影写照。

陆龟蒙效仿陶渊明写（　　）而作《甫里先生传》，表达隐居的生活乐趣。

A.《五柳先生传》　B.《靖节先生传》　C.《白云先生传》

王安石，字介甫，号半山，北宋文人，“唐宋八大家”之一。

明妃曲二首·其一

［宋］王安石

明妃初出汉宫时，泪湿春风①鬓脚垂。
低徊顾影无颜色，尚得君王不自持。
归来却怪丹青手②，入眼平生几曾有；
意态由来画不成，当时枉杀毛延寿。
一去心知更不归，可怜着尽汉宫衣；
寄声欲问塞南事，只有年年鸿雁飞。
家人万里传消息，好在毡城③莫相忆；
君不见咫尺长门闭阿娇，人生失意无南北。

“一去不归泪湿面，相隔万里莫相忆。”

《明妃曲·其一》作于嘉祐四年（1059年），诗歌刻画了明妃昭君的美丽容貌，描写了和亲匈奴、临幸送别的场景，叙述了汉元帝因昭君而杀画师之事，表达了昭君和亲后对故土亲人的思念之情，作者将远在毡城的昭君和身处长门的阿娇联系在一起，展现了两位悲情女子的不幸遭遇。

首句描写皇帝送别昭君的情景，昭君泪流满面、憔悴无色的容颜都使得君王不能自持，从侧面反映了昭君凄美绝伦的美貌及离别故土的哀婉留恋，隐含汉元帝的好色昏庸，为下文埋下引线。后两句叙述汉元帝恨杀画师毛延寿之事，却不同常人认为是毛延寿之过，而是感叹画笔展现不出昭君的神情意态，进一步深化了汉元帝的荒淫。作者从描写昭君临别、画师处死到转为表现昭君的内心世界，心知不归与泪湿春风遥相呼应，身处匈奴的昭君与家人音信断绝，相隔万里，只有南飞鸿雁寄托着昭君的思乡怀念。

这首诗歌运用浅显平易的语言，描写了昭君出塞的情景，表达了昭君诀别思念的情感，隐含对汉元帝的批判，以画师的过失来表现帝王的过失，诗歌进一步将胡地昭君和长门阿娇相比，立意深远，发人深省，以议论作结，表达了人生失意的主题。

①春风：指面容。②丹青手：画师，指毛延寿。
③毡城：胡地以毡帐为室，故称毡城。

"鸿雁"真的会传书吗

汉武帝派大臣苏武出使匈奴，却遇上匈奴政变，苏武被单于扣押，他誓死不愿归降，被流放到苦寒之地放羊。后汉昭帝即位，汉匈和好，派使臣前去匈奴迎回苏武，但单于谎称苏武已经去世，后汉昭帝在一次围猎中射得一只大雁，雁足上绑有一封写着苏武近况的信件，于是汉昭帝又派使臣去往匈奴，向单于说明此事，单于再也无法撒谎，苏武这才得以归汉。

鸿雁传书的事情因此成为千古美谈，从而流传。鸿雁常用来代称书信和传递书信的人，成为邮使的美称。鸿雁是候鸟，南北往返皆有定期，但其实并不会传信。事实上，古时人们主要用来传递书信的是信鸽，信鸽最开始主要运用于军事通信，真正利用信鸽传书始于唐朝，驯养信鸽在当时是一件极为普遍的事情。唐朝经济发达繁荣，海外经商人员增多，因此自家训练信鸽传递消息。唐朝时的宰相张九龄年轻时就驯养信鸽与亲友通信，把写好的信系在鸽子足上放飞，他还亲切地称信鸽为"飞奴"。到了宋代，驯养信鸽渐渐成为一种风气，仅南宋朝廷养鸽数量就达数万只。

宰相布衣忘年交，知己早逝情未绝

王安石是北宋宰相，文坛巨擘，出身官宦，王令则出身低微，一生都坐馆教书，是一介布衣，两人相差十一岁。虽年龄身份差异很大，却是知己好友。王安石和王令在至和元年（1054年）有了交集，这一年，王安石途经高邮，久仰王安石的王令将自己所作的《南山之田》投给王安石。王安石看后十分欣赏，自此二人成为莫逆之交。

王令在嘉祐元年（1056年）患了脚气病，痛苦不堪，王安石每次与他通信都要询问他的情况，还介绍偏方给他，字里行间都蕴含着关爱。王令也十分珍惜自己与王安石的真挚友情，王安石显贵之后，有许多士子都想通过王令结识王安石，以求进仕升迁，王令对这种趋炎附势的行为深恶痛绝，对他们不予理会。

嘉祐二年（1057年），王令和王安石妻子的堂妹吴氏谈婚论嫁，王安石热心促成二人婚事，亲自写信给叔伯，打消他们对未来女婿的疑虑。可是，就在两年后，王令因脚气病复发而死，王安石痛失好友，悲恸欲绝，含泪为王令写下墓志铭。王令虽逝，但两人之间的情分未断，王令有 遗腹女，王安石在晚年归隐时还为她择婿。

王安石作《明妃曲》，好友司马光作了哪首诗与他唱和？（　　）

A.《和介甫明妃曲》　B.《再和明妃曲》　C.《和王介甫明妃曲》

王安石，字介甫，号半山，北宋文人，“唐宋八大家”之一。

明妃曲二首·其二

［宋］王安石

明妃初嫁与胡儿，毡车百两①皆胡姬。
含情欲语独无处，传与琵琶心自知。
黄金杆拨②春风手③，弹看飞鸿劝胡酒。
汉宫侍女暗垂泪，沙上行人却回首。
汉恩自浅胡恩深，人生乐在相知心。
可怜青冢④已芜没，尚有哀弦留至今。

“嫁与胡儿离故土，恩深情重乐相知。”

这首《明妃曲》描写了昭君和亲匈奴的盛况以及在胡地的生活处境，侧面反映了匈奴对昭君的礼遇重视，抒发了昭君心向故国的拳拳深情及不为人知的寂寞孤单，衬托出她不忘国家、死而后已的高尚精神。

首句详细描写了昭君出塞匈奴的情景，连用两个“胡”字来暗写昭君离开故土去往胡地的凄惶迷惘之感，匈奴单于用毡车胡姬相迎，也反映了昭君受到单于的珍视爱重，与下文“胡恩深”相呼应。后两句叙述了昭君远嫁匈奴后的处境，内心愁肠思绪无处倾诉，唯有拨弹琵琶、远望飞鸿、饮下胡酒来抒发孤独压抑的哀怨之情。

作者通过侍女垂泪和行人回首的形象来刻画昭君的内心活动，逐层深化人物感情，引出全诗的点睛之笔。昭君愁在心自知，无处倾吐心事，而人生乐在心相知，但昭君的青冢早已被荒草掩盖，只有她弹奏的哀弦存于世间，诉说满心哀怨。

此诗语言简练明晰，笔调曲折蕴藉，细节真实生动，描写精彩传神，感情细腻复杂，通过抒写昭君和亲后的生活，表达了昭君身处异地的孤独寂寞及思念家乡的迫切心情，是一首歌颂王昭君的优美诗篇。

①两：同“辆”。②杆拨：弹奏琵琶的器具。
③春风手：弹奏出美妙乐曲的高手。④青冢：指王昭君的坟墓。

琵琶背后的和亲之痛

汉武帝为了联合乌孙国共同抗击匈奴，将江都王刘建的女儿刘细君封为公主，远嫁乌孙和亲。细君公主正值妙龄，而乌孙王昆莫猎骄靡年事已高，夫妻二人一年只能见上一两次面，不懂乌孙国语言、不习惯乌孙习俗的她凄苦无依，更加令她伤心的是，两年后，昆莫猎骄靡去世，他的孙子岑陬军须靡即位，按照乌孙风俗，新国王将继承上任国王的一切，包括妻妾。细君公主难以接受，写信给汉武帝希望能回到亲人身边，她翘首以盼，却等来了汉武帝让她留在乌孙、完成和亲的圣旨，万念俱灰的细君公主只好含泪嫁给了岑陬军须靡。

细君公主和亲之前，汉武帝曾命人制造了一种乐器给她，婚后的她便以其弹曲，纾解忧愁。这件乐器就是"秦琵琶"，琵，要用右手往前弹；琶，要用左手往前挑，两种指法相结合，琵琶这种乐器就出现了。琵琶始见于汉朝，胡人称为"枇杷"，经常在马背上横抱琵琶弹奏，后又改为竖抱。后曲项琵琶传入中原，就成为现代琵琶的祖师。在音乐中寻求解脱的细君公主依旧抑郁难舒，一年后，她产下一女便离开人世，从远嫁到去世，细君公主始终未能回到心中想念的故土。

王安石：万言书中展宏志

嘉祐三年（1058年），朝廷下达政令，命王安石于十月入京，任三司度支判官一职。三司是国家财政总理单位，度支判官是国家财政部门的重要官员，掌管国家财政收支情况。王安石虽然一直想外放做官，但也明白财政对国家的重要性，便立即赴京上任。

担任三司度支判官以后，王安石深感其职的重要性，写下长达万余言的《上仁宗皇帝万言书》一文，透析了当朝的内外形势、存在问题以及改革方向和任务，思想深刻，论证严密，思路清晰，在中国历代奏疏中，是一篇难得的佳作。在这一鸿篇巨制中，王安石直言不讳地提出朝廷面临的内忧外患的局势和弊端，且详细说明了解决办法。

王安石认为当务之急便是培养人才，要建立教育体系，提出"高薪养廉"，也指出了朝廷重文抑武所带来的严重后果，提出"全民皆兵"的想法来达到抵御外敌的目的。王安石也看到了朝廷财力穷困、法度不合等问题，提出要正确治理财政，建立赏罚分明的制度。但是，暮年仁宗有心无力，对时局抱有侥幸心理，不能使王安石大施拳脚，开拓新的政治局面。

近代哪一位文选学家、教育家，在评《唐宋诗举要》中评王安石《明妃曲》二首"持论乖戾"？（ ）
A. 吴汝纶 B. 姚永概 C. 高步瀛

本章知识小问答答案

第 139 页　正确答案：A. 罗隐

第 141 页　正确答案：C. 贾谧

第 143 页　正确答案：C.《紫钗记》

第 145 页　正确答案：C. 苏轼

第 147 页　正确答案：C. 汉献帝

第 149 页　正确答案：A. 宋

第 151 页　正确答案：B. 貂蝉

第 153 页　正确答案：A. 倾国倾城

第 155 页　正确答案：C. 杭州

第 157 页　正确答案：C. 哲学

第 159 页　正确答案：C. 欢

第 161 页　正确答案：B. 团聚

第 163 页　正确答案：B.《横吹曲辞》

第 165 页　正确答案：A.《五柳先生传》

第 167 页　正确答案：C.《和王介甫明妃曲》

第 169 页　正确答案：C. 高步瀛